essentials

essentials liefern aktuelles Wissen in konzentrierter Form. Die Essenz dessen, worauf es als „State-of-the-Art" in der gegenwärtigen Fachdiskussion oder in der Praxis ankommt. *essentials* informieren schnell, unkompliziert und verständlich

- als Einführung in ein aktuelles Thema aus Ihrem Fachgebiet
- als Einstieg in ein für Sie noch unbekanntes Themenfeld
- als Einblick, um zum Thema mitreden zu können

Die Bücher in elektronischer und gedruckter Form bringen das Expertenwissen von Springer-Fachautoren kompakt zur Darstellung. Sie sind besonders für die Nutzung als eBook auf Tablet-PCs, eBook-Readern und Smartphones geeignet. *essentials:* Wissensbausteine aus den Wirtschafts-, Sozial- und Geisteswissenschaften, aus Technik und Naturwissenschaften sowie aus Medizin, Psychologie und Gesundheitsberufen. Von renommierten Autoren aller Springer-Verlagsmarken.

Weitere Bände in dieser Reihe http://www.springer.com/series/13088

Steffen Hillebrecht

Die zweite Karriere

Theoretische Basis und praktische Modelle für den beruflichen Neustart

Steffen Hillebrecht
Hochschule für Angewandte
Wissenschaften Würzburg-Schweinfurt
Würzburg, Deutschland

ISSN 2197-6708   ISSN 2197-6716   (electronic)
essentials
ISBN 978-3-658-18650-0   ISBN 978-3-658-18651-7   (eBook)
DOI 10.1007/978-3-658-18651-7

Die Deutsche Nationalbibliothek verzeichnet diese Publikation in der Deutschen Nationalbibliografie; detaillierte bibliografische Daten sind im Internet über http://dnb.d-nb.de abrufbar.

Springer Gabler
© Springer Fachmedien Wiesbaden GmbH 2017
Das Werk einschließlich aller seiner Teile ist urheberrechtlich geschützt. Jede Verwertung, die nicht ausdrücklich vom Urheberrechtsgesetz zugelassen ist, bedarf der vorherigen Zustimmung des Verlags. Das gilt insbesondere für Vervielfältigungen, Bearbeitungen, Übersetzungen, Mikroverfilmungen und die Einspeicherung und Verarbeitung in elektronischen Systemen.
Die Wiedergabe von Gebrauchsnamen, Handelsnamen, Warenbezeichnungen usw. in diesem Werk berechtigt auch ohne besondere Kennzeichnung nicht zu der Annahme, dass solche Namen im Sinne der Warenzeichen- und Markenschutz-Gesetzgebung als frei zu betrachten wären und daher von jedermann benutzt werden dürften.
Der Verlag, die Autoren und die Herausgeber gehen davon aus, dass die Angaben und Informationen in diesem Werk zum Zeitpunkt der Veröffentlichung vollständig und korrekt sind. Weder der Verlag noch die Autoren oder die Herausgeber übernehmen, ausdrücklich oder implizit, Gewähr für den Inhalt des Werkes, etwaige Fehler oder Äußerungen. Der Verlag bleibt im Hinblick auf geografische Zuordnungen und Gebietsbezeichnungen in veröffentlichten Karten und Institutionsadressen neutral.

Gedruckt auf säurefreiem und chlorfrei gebleichtem Papier

Springer Gabler ist Teil von Springer Nature
Die eingetragene Gesellschaft ist Springer Fachmedien Wiesbaden GmbH
Die Anschrift der Gesellschaft ist: Abraham-Lincoln-Str. 46, 65189 Wiesbaden, Germany

Was Sie in diesem *essential* finden können

- Begriffsbestimmung der zweiten Karriere
- Beispiele für zweite Karrieren
- Einordnung des Karrieremodells in die Theorien zur Berufskarriere
- Eine Typologie für zweite Karrieren
- Ansatzpunkte der Karriere- und Outplacementberatung
- Checkliste zur Prüfung der Eignung für eine zweite Karriere

Inhaltsverzeichnis

Die Themeneinführung

1

Regelmäßig wird in den letzten Jahren über teilweise sehr spektakuläre berufliche Umorientierungen berichtet, z. B. in

- Capital Nr. 2/2016 mit dem Cover „Macht der Job noch Spaß?" (vgl. Brambusch und Zapf 2016)
- Brandeins Nr. 1/2016, mit dem Titelthema „Befreiung" (siehe Willenbrock 2016, S. 48 ff.)
- „stern", unter dem Cover-Titel „Leben Sie das richtige Leben?", Nr. 25/2016 (vgl. Reich 2016, S. 42 ff.), sowie „Neustart", in Nr. 1/2017 (vgl. Hauser 2016, S. 42 ff.)
- Das „Manager-Magazin" in Nr. 1/2017 mit einem Portrait von fünf ehemaligen Managementkräften (vgl. Machatschke und Jauernig 2017, S. 112 ff.)
- Die Artikelreihen „Berufliche Neuorientierung", 2014 unter www.zeit.de/karriere/beruf/ (vgl. Hockling 2014a, b), „Umstieg" aus dem Jahr 2010 im Themenspezial „Karriere" von Handelsblatt und Wirtschaftswoche (vgl. Hergert 2010a, b, c, 2016) und „Chancen zum Wechsel", 2016 unter www.zeit.de/serie veröffentlicht (vgl. Finkenwirth 2016a, b, c)
- Der Themenschwerpunkt „beruflicher Neustart" in der „Zeit" vom 19.01.2017 (vgl. Bernewasser 2017, S. 65; Schröder 2017, S. 63)

Die Aktualität des Themas schlägt sich nicht zuletzt in einer insgesamt deutlich zunehmenden Berichterstattung in Publikums- und Fachmedien nieder (siehe u. a. Abicht 2016, S. 14 ff.; vertiefend Hillebrecht 2017) und findet auch in verschiedenen Ratgeberbüchern (z. B. Becht 2000; Böhrmann 2011; Chimoy 2014; Freedman 2007; Gulder 2013; Jakob und Kreis 2001; Kals 2007; Kolberg 2008;

© Springer Fachmedien Wiesbaden GmbH 2017
S. Hillebrecht, *Die zweite Karriere,* essentials,
DOI 10.1007/978-3-658-18651-7_1

Miedaner 2012; Öttl und Härter 2006) sowie Biografien ihren Ausdruck. Bekannte Beispiele sind

- Dr. Martin Studer (vgl. Maeder und Studer 2008), ein ehemaliger Chirurg und Kardiologe, der auf LKW- bzw. Busfahren umstieg (siehe auch Lisson 2012)
- Angie Sebrich (vgl. dies. 2008), die von der PR-Leitung des Musiksenders M-TV auf Jugendherbergsmutter umsattelte
- Agnes Flügel, die ihre Tätigkeit als Online-Redakteurin zugunsten einer hauptberuflichen Existenz als Imkerin aufgab (siehe Flügel 2011)
- Verena Lungert, die nach einem Literaturstudium zunächst als Zeitschriftenredakteurin reüssierte und mit Ende 30 eine Kochausbildung in London begann (vgl. Lugert 2017)
- Ihre Fernsehkollegin Neitzel, die nunmehr in Südafrika als Rangerin einen Zweitstart hinlegt (vgl. Neitzel 2016).

Dass Medienleute hier besonders auffallen, mag vorrangig damit zusammenhängen, dass sie das Publizieren gewöhnt sind und damit leichter ihre Erfahrungen weitergeben. Das bedeutet aber nicht, dass in anderen Branchen keine entsprechenden Beispiele vorkommen. Beispiele für einen vollständigen Neustart wird es in vielen Berufsfeldern und Branchen geben.

Zudem gilt: Man wird nicht von einem einzelnen Typus einer zweiten Karriere generell ausgehen dürfen. Der ursprüngliche Ansatz einer zweiten Karriere fand sich in den Anlässen einer Umschulung, bei der eine Berufsunfähigkeit (z. B. eine berufsbedingte Allergie in bestimmten Handwerksberufen oder eine körperliche Einschränkung nach einem Unfall) den Umstieg auslöste. Inzwischen zeigen sich in der Medienberichterstattung aber auch freiwillig gewählte Ansätze, z. B. bei einem gewollten und langfristig vorbereiteten Ausstieg in Verbindung mit hilfreichen Zufällen oder auch als Alternative zu einer längeren Arbeitslosigkeit. Hierbei kommen inzwischen auch immer häufige freie Berater als Hilfestellung infrage, neben der Beratung durch die Arbeitsverwaltung. Karriere- und Outplacementberater helfen Interessierten, eine neue Perspektive zu definieren, die eigenen Kompetenzen und Interessen, Erfahrungen und Wünschen entspricht. Ein derartiger Beratungsansatz erfordert über eine allgemeine Bewerbungsberatung hinaus eine sorgfältige Diagnostik, um alle relevanten Aspekte berücksichtigen zu können.

Die vorliegende Modellbildung soll dabei als Einführung in die Thematik dienen, vor allem die neueren Entwicklungen hinsichtlich Karriereentwicklung ansprechen und hierbei insbesondere Ansatzpunkte erfolgreicher Karriereentwicklung und -beratung aufgreifen. Dazu wird eine allgemeine Karrieretypologie entworfen, die zweite Karriere entsprechend eingeordnet und mit ihren auslösenden Faktoren sowie den verschiedenen Varianten vorgestellt. Betroffene wie Berater können folglich entsprechende Wünsche systematisch hinterfragen und einer sinnvollen Bearbeitungsstrategie zuführen.

Karriere und Karrieremodelle in der Literatur 2

2.1 Die Herkunft und der Inhalt des Begriffs

Etymologisch stammt der Begriff Karriere vom Weg des Esels- oder Pferdekarrens („carrus") bzw. dem eingefahrenen Weg (lat. „carraria"). Er ist also eine Umschreibung für einen nachvollziehbaren Weg (vgl. Becker 2013, S. 608 f.; Kels et al. 2014, S. 32). Im allgemeinen Verständnis hat sich inzwischen eine ergänzende Beschreibung mit Merkmalen wie „Aufstieg", „Anerkennung" und „monetäre Besserstellung" (Becker 2013, S. 609 f.; von Richthofen et al. 2013, S. 14; ähnlich Gasteiger 2007, S. 22 ff.) eingebürgert. Der Verlauf kann dabei zunächst einmal in vertikaler Richtung (aufwärts oder abwärts) oder in horizontaler Richtung (verschiedene Positionen auf gleicher hierarchischer Ebene) erfolgen, bezieht aber immer bestimmte Fixpunkte mit ein:

- Eine mehrjährige Tätigkeit im erlernten Tätigkeitsfeld
- Mit einer inhärenten fachlichen und/oder hierarchischen Logik, die auf einen Zuwachs an Verantwortung in irgendeiner Richtung verbunden sind, und damit auch mit einem Zuwachs an Gehalt oder anderweitigen Gratifikationen
- Und die entsprechend der erzielten Karriereerfolge auch Zufriedenheit mit dem erreichten Status bewirken kann

Damit sind auch bestimmte Rollenerwartungen an den Inhaber der erreichten Person gebunden, z. B. bestimmte Verantwortungsbereiche wahrzunehmen, Verhaltensweisen zu zeigen etc. (vgl. von Richthofen et al. 2013, S. 15 ff.; ähnlich Campbell et al. 1993, S. 35 ff.; Dittmann 2016, S. 53 ff.; Gasteiger 2007, S. 27 ff.).

© Springer Fachmedien Wiesbaden GmbH 2017
S. Hillebrecht, *Die zweite Karriere,* essentials,
DOI 10.1007/978-3-658-18651-7_2

Eine arbeitgeberorientierte Sichtweise rekurriert primär auf den Karriereweg innerhalb der eigenen Organisation und wird mit der Personalentwicklung verbunden. Hierzu beziehen sich Unternehmen auf die Möglichkeit attraktiver Berufsverläufe, die sie entsprechend der Potenziale der Arbeitnehmer und den gegebenen Möglichkeiten in der Organisation verfolgen. Implizit sind Karriereoptionen ein Instrument des Personalmarketings – wer seinen Mitarbeitern attraktive Entwicklungswege offeriert, wird für Bewerber wie auch für Mitarbeiter entsprechend interessant sein und kann die gewünschten Talente besser an sich binden.

Arbeitnehmerorientierte Varianten beziehen sich auf den Verlauf des eigenen Berufslebens in toto. Dieses kann damit auch in mehr als nur einer Organisation erfolgen (vgl. Kels et al. 2014, S. 17 f.; ähnlich Olbert-Bock et al. 2014, S. 434 ff.). Die berufstätige Person beeinflusst ihren eigenen Karriereweg mit dem Erwerb von Kompetenzen und deren Einsatz im Berufsleben sowie der regen Beteiligung am Arbeitsmarkt. Ohne „psychologische Mobilität" (Verbruggen 2012, S. 287 ff.) wird man dies kaum schaffen. Und sicher wird auch immer wieder der Zufall, eine bestimmte Gelegenheit, ein bestimmtes Zusammentreffen den Ausschlag für eine bestimmte Karriereentwicklung geben (siehe Buhse 2017, S. 86 ff.).

Ohne jetzt spezielle Karrieretypen näher definieren zu wollen, wird weiterhin unterstellt, dass eine Karriere in verschiedenen Ausprägungen erfolgen kann:

- als Aufstiegskarriere oder auch „Kaminkarriere" in einem Unternehmen mit einem hierarchischen Aufstieg
- als Fachkarriere mit einer Entwicklung am Arbeitsplatz mit zunehmender Kompetenz und entsprechendem Expertenstatus (z. B. vom Personalsachbearbeiter zum Personalreferenten oder vom Junior-Verkäufer zum Fachverkäufer für bestimmte Sortimentsbereiche)
- oder auch mit wechselnden fachlichen und hierarchischen Zuständigkeiten („Mosaikkarriere", Hockling und Schwierz 2015; Sadigh et al. 2014), innerhalb eines Unternehmens oder auch nach Unternehmenswechseln

Diese Karriereverläufe werden in Abschn. 2.2.2. nochmals aufgegriffen und müssen hier nicht weiter vertieft werden.

Wesentlich für eine Karriere ist neben der Bereitschaft, sich für bestimmte Schritte überhaupt zu entscheiden und die Konsequenzen auch anzunehmen (vgl. Forßbohm et al. 2014), die Karrierefähigkeit, also die Bereitschaft, erforderliche Kompetenzen zu erwerben und auszubauen und damit die Beschäftigungsfähigkeit im angestrebten Beruf oder Arbeitsbereich („employability") zu sichern.

Nur wenn es eine Passung zwischen den Anforderungen eines Arbeitgebers und den Fähigkeiten und Fertigkeiten eines Arbeitnehmers gibt, wird eine erfolgreiche Laufbahn möglich. Genauso kann es aber auch im Einzelfall dazu führen, eine Berufskarriere komplett aufzugeben und sich beruflicher Betätigung weitgehend zu enthalten, wie es z. B. der Altkommunarde Rainer Langhans präferiert (vgl. o. V. 2017b).

2.2 Berufswahl und Karriereentwicklung in der Modellbildung

2.2.1 Ausgangspunkte einer Karriereplanung

Die zugrunde gelegte Definition von Karriere basiert auf der Annahme, dass sie eine logische Folge einer bestimmten Berufswahl ist, in Verbindung mit weiteren, sinnvoll aufgebauten Entscheidungen. Daher muss man sich zunächst überlegen, welche Überlegungen bei der Wahl eines Berufs existieren und in welcher Form diese Überlegungen dann in konkrete Karrierebemühungen umgesetzt werden (siehe auch Breitbart 2007), sozusagen als „Karriereplanung" (Berthel und Becker 2007, S. 372). Verschiedentlich wird dies unter dem Begriff „career development" subsumiert (siehe z. B. Clark et al. 2015; Kötter und Kursawe 2015). Ausgangspunkt hierfür ist eine sinnvolle Ausbildungs- und Berufswahl, entsprechend eigener Begabungen, Interessen und Potenziale (siehe z. B. Abrahams et al. 2013; Forßbohm et al. 2014; Hellberg 2009; Kracke 2006), und ein geeignetes Nutzen weiterer Chancen für berufliche Aufstiege.

Ein Blick in die entsprechende Übersichtsliteratur (siehe z. B. die Aufarbeitungen bei Beincke 1997, S. 14 ff.; Berthel und Becker 2007, S. 372–374; Bußhoff 1989; Dittmann 2016, S. 23 ff.; Forßbohm 2014, S. 1 ff.; Mayerhofer und Michelitsch-Riedl 2009, S. 442 ff.; Schreiber 2005, S. 12 ff.) zeigt deutlich auf, dass hierbei verschiedene Einflussfaktoren greifen, wie z. B.:

- Die eigene Persönlichkeit (von Selbstvertrauen und Führungseigenschaften bis hin zu Risikofreude)
- Einblicke in bestimmte Berufsfelder, z. B. durch das Vorbild der Eltern
- Erwartungen an bestimmte Chancen und Möglichkeiten (z. B. Anerkennung, Verdienstchancen, Sicherheit des Berufs, Erwartungen des eigenen Umfelds)
- Zugänglichkeit zu bestimmten Ausbildungswegen und Beschäftigungsmöglichkeiten

Diese Aufzählung deckt im Prinzip die gesamte Fülle ab, wenngleich man auch Unschärfen und Überschneidungen zulassen muss. Im letztgenannten Punkt „Zugänglichkeit" schwingen z. B. auch Elemente wie der bereits benannte berühmte „Zufall" mit.

Alle Einflussfaktoren und Überlegungen lassen sich zu drei Typen der Berufswahl bündeln (siehe auch Forßbohm 2014, S. 5 ff.; Gasteiger 2007, S. 27 ff.; allgemeiner Anathasou und Exbroeck 2010; Becker 2013, S. 620 ff.):

- Ökonomische Ansätze, die v. a. auf Verdienstchancen und Sicherheit des Berufsbildes abstellen
- Psychologische Ansätze, die auf der individuellen Persönlichkeitsstruktur aufbauen
- Soziologische Ansätze, mit einem Bezug zur Lebensumwelt der entscheidenden Person, z. B. den Erwartungen von Eltern oder Lebenspartnern, den beruflichen Vorbildern und Erfahrungen im eigenen Familien- oder Freundeskreis

Selbstredend können in der Praxis in der Planung und Entscheidungsfindung Mischungen aus den drei Idealtypen auftreten. Wenn das Kind einer Unternehmerfamilie sich zum Eintritt in das elterliche Unternehmen entscheidet, weil es damit den familiären Erwartungen ebenso wie eigenen Überlegungen (was liegt nahe?) und den Verdiensterwartungen an das Unternehmertum entspricht, hat man genau diese Vermengung. Genauso kann man davon ausgehen, dass die Entscheidungsgrößen der drei Modelle selten gleichberechtigt nebeneinander stehen, sondern mit einer gewissen Priorisierung in die Entscheidung einfließen.

2.2.2 Modelle klassischer Karriereentwicklung

Klassische Karrieremodelle gehen von einer linearen Karriereentwicklung aus. Sie unterstellen eine logische Folge von hierarchischen Aufstiegen bzw. der Zuweisung neuer, umfassenderer Aufgabenfelder, entsprechend der eigenen Eignung und Bemühungen (vgl. Mayerhofer und Michelitsch-Riedl 2009, S. 444 f.; in Anlehnung an Schein 1971, S. 403 ff.; Schein 1994, S. 19 ff.). Dabei kann man grundsätzlich unterscheiden zwischen (siehe auch Domsch et al. 2003, S. 479 ff.; ähnlich Schein 1971, S. 401 ff.):

- Einer vertikalen Karriererichtung, also einem hierarchischen Aufstieg (vom Sachbearbeiter zum Gruppen- und Abteilungsleiter bis hin zum Mitglied der Geschäftsleitung), auch als Führungskarriere oder „Kaminkarriere" bezeichnet

- Einer horizontalen Karriererichtung (von einer Fachabteilung zur nächsten, z. B. von der Einkaufsabteilung in die Produktion oder den Vertrieb oder die Buchhaltung), oft als „Fachlaufbahn" bezeichnet, in der Regel ohne Aufstieg zu einer Mitarbeiterverantwortung (siehe hierzu Astheimer 2013) oder nur einer sehr begrenzten Anzahl an zugewiesenen Mitarbeitern, z. B. vom Personalsachbearbeiter zum Personalreferenten; entsprechend können auch „job enlargement" (Übertragung von mehr Arbeitsaufträgen auf gleicher fachlicher und hierarchischer Ebene, z. B. Verantwortung als Sachbearbeiter für nunmehr 350 Kunden statt wie bisher 300 Kunden) und „job enrichment" (Übertragung zusätzlicher Aufgaben, die komplementär zum Ausgangsberuf sind, z. B. zusätzliche Übernahme von Ausbildungsaufgaben durch einen Sachbearbeiter) eingeordnet werden
- Einer zentripetalen Karriererichtung, bei der man dem eigentlichen Machtzentrum einer Organisation näher kommt (z. B. von der Sekretariatsstelle in einer Filiale über das Sekretariat im Innendienst bis hin zum Sekretariat der Geschäftsleitung)

Entsprechend können bestimmte Laufbahnmodelle eingeschlagen werden, wobei diese sich sowohl nach den organisationalen Vorgaben (Stellenpläne, Vakanzen, Beförderungspolitik, Personalentwicklungsmaßnahmen) als auch dem persönlichen Bemühen (aktives Kümmern, Bereitschaft zur Verantwortungsübernahme etc.) richten. Aufgabe sowohl interner als auch externer Karriereberatung (intern: Personalentwicklung, extern: spezialisierte Personalberater) dürfte es in diesen Fällen sein, logisch aufeinander aufbauende Entwicklungsschritte zu definieren, die der Persönlichkeit, den Potenzialen und den Entwicklungswünschen des Mitarbeiters entsprechen, um ihm die entsprechende Entfaltung zu ermöglichen und damit auch Arbeitszufriedenheit und Unternehmensbindung („organizational commitment") zu ermöglichen.

Darüber hinaus haben Organisationen oft genug auch „Pseudokarriere-Angebote" oder „Titelkarrieren" in petto, die sich vor allem über eine Karriere anhand des job-Titels (vom Junior Sales Consultant zum Senior Sales Consultant und Senior Expert Sales Consultant) oder einer Gehaltskarriere (schrittweise Erhöhung des Gehalts auf einer bestimmten Funktion, v. a. im Außendienst oder bei Verbänden üblich) definieren. Hierbei will man einen gewissen Ausgleich für mangelnde hierarchische Karriereoptionen schaffen, unabhängig von der Frage, ob die Organisation keine Aufstiegspositionen vorsieht oder aber die Person kein Karrierepotenzial bietet. Augenfällig ist dies insbesondere im öffentlichen Dienst, wenn z. B. eine Lehrkraft vom Studienrat zum Oberstudienrat befördert wird, ein Feldwebel zum Oberfeldwebel bzw. Leutnant zum Oberleutnant oder

Zollinspektor zum Zolloberinspektor – im Ergebnis werden Titel und Gehaltsstufen variiert, aber nicht unbedingt mehr Führungs- oder Budgetverantwortung übertragen. Aber auch in der sog. „freien Wirtschaft" findet man immer wieder Handhabe, einer Person über Titelzuweisung und/oder Gehaltserhöhung Wertschätzung auszudrücken, ohne eine zusätzliche hierarchische oder anderweitige Verantwortung zu übertragen.

In diesen Bereichen sind Karriereberatung und Potenzialbeurteilung eher seltener gefragt, da es vor allem darum geht, die Zufriedenheit des Mitarbeiters in seiner aktuellen Situation zu stärken. Sie kommt vor allem dann zum Tragen, wenn ein Mitarbeiter sich erkennbar für höhere Verantwortungsstufen interessiert und seine bisherigen Arbeitsleistungen sowie erkennbares Potenzial für ein entsprechendes Avancement auch empfiehlt.

Nicht zuletzt können Karriereabbrüche („Karriereknick") oder Karriereausstiege eine Entwicklung kennzeichnen, auf die aber gesondert in Abschn. 2.3. einzugehen ist. Hierbei dürften sowohl klassische Karriereberatungen als auch – im zweiten Fall – die Outplacementberatung infrage kommen, da es für die Betroffenen darauf ankommt, die neue Situation zu akzeptieren und das Beste daraus zu machen. In der Tat kommen hierbei dann auch die Ansätze der zweiten Karriere zum Tragen.

2.2.3 Hybride Karrieremodelle als neuere Entwicklung

Als hybride Karrieremodelle gelten alle Karrieremodelle, bei denen Arbeitnehmer nicht mehr an schematische Karrierewege und -planungen gebunden sind, sondern sowohl aus Eigeninitiative als auch auf Veranlassung der Beschäftigungsorganisation immer wieder wechselnde Verantwortungen übernehmen. Man möchte damit den Mitarbeitern eine größere Vielfalt der Aufgabenstellung und mehr Entwicklungsmöglichkeiten bieten, um die Zufriedenheit mit dem Unternehmen in toto zu steigern, unabhängig von einem hierarchisch definierten Arbeitsplatz. Dies reflektiert auf Veränderungen in Wertestrukturen bei den Mitarbeitern, aber auch auf neue Anforderungen der modernen Arbeitswelt. Hierzu zählen insbesondere:

- die Projektlaufbahn: Arbeitnehmer übernehmen auf Zeit, einmalig oder fortgesetzt, die Verantwortung für bestimmte Projektaufgaben, bei denen sie in wechselnden Projektteams verschiedene Funktionen übernehmen, insbesondere im Projektmanagement und der Projektleitung, teilweise wird damit auch intendiert, dass sie sich auf diese Weise für eine neue, dauerhaft zugewiesene Stelle im Unternehmen qualifizieren

- die Mosaikkarriere, bei der wechselnde Aufgaben in unterschiedlichen Fachfunktionen, teilweise auf unterschiedlichen Hierarchieebenen und bei Großunternehmen, auch an verschiedenen Standorten übernommen werden (z. B. vom Einkäufer zum Gruppenleiter Buchhaltung, anschließend als Filialleiter einer Auslandsniederlassung, mit Rückkehr als Personalreferent in der Zentrale)

- in einer erweiterten Sichtweise auch Karrierewechsel zwischen freiberuflicher und festangestellter Tätigkeit für ein bestimmtes Unternehmen, entsprechend der Beschäftigungssituation des Unternehmens und den lebensphasenbezogenen Präferenzen der Mitarbeiter (nach Festanstellung während Elternzeit eine freie, projektbezogene Tätigkeit, danach wieder Rückkehr in eine Festanstellung)

Derartige hybride Karrieremodelle führen zu Bezeichnungen wie einer „Umstandskarriere" (im Original „circumferential career"), bei der Mitarbeiter – den Umständen entsprechend – alle gebotenen Perspektiven nutzen, oder in der Retrospektive der gesamten Berufslaufbahn zu einer „Patchwork-Karriere" (Mayerhuber und Michelitsch-Riedl 2009, S. 444 ff.). Sie rekurrieren teilweise auch auf lebensphasenorientierte Karrieremodelle, bei denen je nach familiären Umständen, eigenem Leistungsvermögen und Überlegungen zur Work-Life-Balance unterschiedliche Interessen an beruflichem Engagement und beruflicher Verantwortung bestehen (siehe beispielhaft die Darstellungen bei Gerlmeier et al. 2015). Selbstredend können derartige Karrieremodelle auch andere Formen der Karriereberatung erfordern (siehe Hirschi 2013, S. 95 ff.).

Die hybriden Karrieremodelle gehen aber nicht unbedingt auf Überlegungen ein, was Menschen zum Abbrechen einer bisherigen, durchaus erfolgreich anmutenden Karriere und zur Wahl völlig neuer Berufsfelder in einem völlig anderen organisatorischen Umfeld führt, im Gegensatz zum bisher gewohnten Setting. Allem Anschein nach sind grenzenlose Karrieren („boundaryless careers", nach Arthur 1993; vertieft Sullivan und Arthur 2006) prinzipiell allen Arbeitnehmern möglich, werden aber nur in der Form näher untersucht, soweit sie im gewohnten Berufsumfeld verbleiben. Der Gegenentwurf der „proteanischen Karriere" (Hall 2004), bei der sich ein Mitarbeiter quasi regelmäßig neu erfindet, ist damit nur am Rande gestreift, trotz verschiedener Impulse in den Aufarbeitungen bei Hall (2002) und Ibarra (2004). Die bisher vorgestellten Konzepte, wie die bereits erwähnten Begrifflichkeiten rund um „Mosaikkarriere" oder „grenzenloser Karriere", finden erst durch die breite Diskussion in den Publikumsmedien (z. B. bei Voßkuhler 2017; ausführlicher dargestellt bei Hillebrecht 2017) eine tiefer gehende Beachtung.

2.3 Karrierebrüche als Ausgangspunkt zu einer zweiten Karriere

Von besonderer Bedeutung für die vorliegende Thematik ist der Begriff eines „Karriereknicks" (d. h. eine Verlangsamung oder gar ein Abstoppen bzw. Unterbrechen der logischen Aufstiege) oder gar der eines „Karriere(ab)bruchs", wenn der Aufstieg nicht mehr gelingt bzw. ein Zurückfallen auf frühere Karrierestufen (z. B. eine Degradierung in streng hierarchischen Systemen wie Militär und Polizei) oder gar ein Herausfallen aus dem Karrieresystem (durch Freisetzung und Arbeitslosigkeit bedingt) erfolgt. Dies kann durch verschiedene Anlässe bedingt sein:

- Das Beschäftigungsunternehmen schließt ganze Betriebsteile oder geht in seiner Gesamtheit insolvent, womit auch Führungskräfte nicht mehr benötigt werden
- Durch Fehlverhalten („verhaltensbedingt") oder gesundheitliche Einschränkungen („personenbedingt") des einzelnen Mitarbeiters erfolgt eine Freistellung, ggf. kann Zweites durch einen (Arbeits-)Unfall oder durch eine berufstypische Allergie erfolgen und zu einer Umschulung nach § 1 V BBiG i. V. m. § 16 SGB VI bzw.§ 35 SGB VII bzw. §§ 33–39 SGB IX führen (in Österreich nach §§ 172 ff. ASVG)
- Durch Ablauf des Arbeitsvertrags (v. a. bei befristeten Arbeitsverträgen)
- Durch eigenen Entschluss des Mitarbeiters, der am gegebenen Arbeitsplatz für sich keine Zukunft mehr sieht, ohne aber eine gleichwertige oder höhere Anschlussperspektive zu besitzen, oft genug im Gefolge einer Enttäuschung, einer Sinnkrise oder gar eines Burn-outs

Im Ergebnis können die Betroffenen keine gleich- oder höherwertige Tätigkeit mehr übernehmen. In der Konsequenz:

- verharren sie in Arbeitslosigkeit
- nehmen aus den unterschiedlichsten Gründen hierarchisch untergeordnete Anstellungen wahr, im Vergleich zum vorherigen beruflichen Status, z. B. nach einer Änderungskündigung
- wird ein Karriereumstieg in ein völlig neues Berufsfeld geprüft, um einen zweiten Karriereanlauf zu nehmen, z. B. nach einer Umschulung im Sinne des § 1 V BBiG oder auch durch eigenorganisierte Fort- und Weiterbildung

Gerade der Karriereumstieg scheint trotz der Impulse bei Ibarra (2004) und Freedman (2007) in der wissenschaftlichen Aufarbeitung eher übersehen zu werden. Insbesondere im deutschen Sprachraum sieht man vor allem Ratgeberbücher, aber kaum wissenschaftliche Studien zu diesem Thema. Daher soll mit der nachfolgenden Typologisierung, die sich vor allem auf die in Publikumsmedien erfolgende Behandlung stützt, ein hilfreicher Ansatz sowohl für die weitere wissenschaftliche Bearbeitung als auch für beraterische Unterstützung von Betroffenen angeboten werden. Dabei kann man insbesondere im Hintergrund sehen, dass Menschen nach einer substanziellen Veränderung belastender Natur (zum Beispiel nach einem Berufswechsel), mittelfristig deutlich glücklicher sind (vgl. Jimenez 2016; vertiefend Chudzikowski et al. 2008, S. 12; Levitt 2016).

Wichtige Modelle einer zweiten Karriere

3

3.1 Die Begrifflichkeit der zweiten Karriere

Als zweite Karriere ist als Basis dieser Abhandlung ein Karriereschritt mit einem doppelten Bruch zu sehen. Zum einen wird das bereits langjährig ausgeübte Berufsfeld gewechselt, von der PR-Leiterin zur Jugendherbergsmutter, vom Chefredakteur zum Winzer oder von der Anwältin zur Drehbuchautorin und Kommunikationsberaterin, vom Investmentbanker zum Ökofood-Produzenten oder Imbissbudenbetreiber. Zum anderen wird auch die Organisation gewechselt (von einem Verlag in ein Weingut; von einem Musiksender zum Jugendherbergswerk, von einer Angestelltentätigkeit zu einem eigenen Unternehmen).

Dieser doppelte Bruch impliziert sowohl deutlich unterschiedliche berufliche Anforderungen und Inhalte als auch neue Verhaltensweisen und kulturelle Rahmenbedingungen. Damit ist eine Trennlinie zur sog. „circumferential career" (Chudzikowski et al. 2008, S. 8) bzw. „Mosaikkarriere" (Hockling und Schwierz, 2015; Sadigh et al. 2014) oder „Patchwork-Karriere" (Mayerhofer und Michelitsch-Riedl 2009, S. 451) zu ziehen. Auch der Umstieg eines Profisportlers von der aktiven Sportausübung zum Sportfunktionär seines Vereins, wie es in den 80er Jahren Uli Hoeneß beim FC Bayern München praktizierte (vgl. o. V. 2017a), wird zwar in Schlagzeilen als „zweite Karriere" bezeichnet, ist aber letztendlich nur eine Mosaikkarriere: Der organisatorische Rahmen bleibt gleich, in Gestalt des identischen Arbeitgebers. Der Kulturbruch ist also vergleichsweise gering und kann damit ausgeklammert werden.

Abb. 3.1 zeigt diese Charakteristik auf, in Abgrenzung zu klassischen Karrieremodellen.

Interessant in diesem Zusammenhang ist die englische Wortschöpfung einer „encore career" (z. B. bei Alboher 2012, oder Freedman 2007, entsprechend auch

© Springer Fachmedien Wiesbaden GmbH 2017
S. Hillebrecht, *Die zweite Karriere*, essentials,
DOI 10.1007/978-3-658-18651-7_3

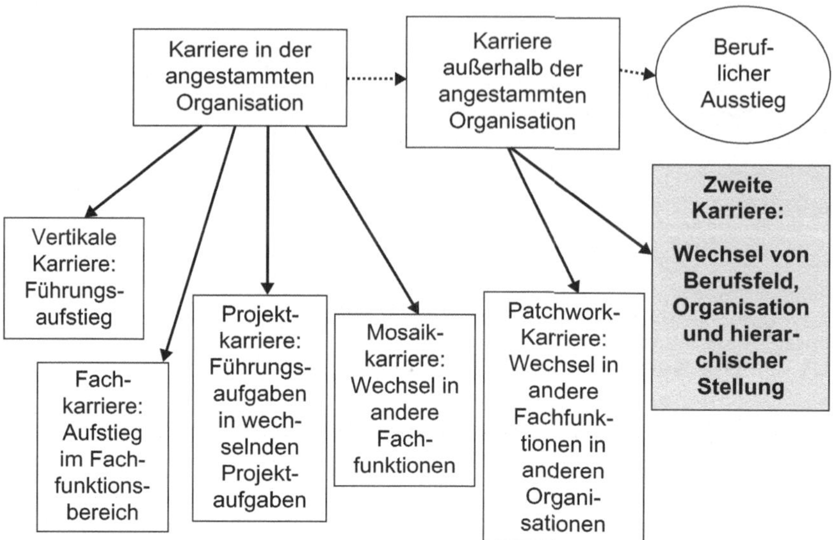

Abb. 3.1 Karriereschemata mit Einordnung der „zweiten Karriere". (Quelle: Eigene Erstellung, aufbauend auf Becker 2013, S. 612–619; Kolb 2010, S. 503 f.)

der Name seiner Beratungsorganisation „encore career.org"), eine Übertragung aus dem Französischen. Dort meint „encore" ein „nochmals" – man will es also nochmals wissen, in einem ganz anderen Spielfeld. Und bei einer statistisch zu erwartenden körperlichen und geistigen Fitness bis in die 70er Jahre hinein können Personen, die mit Ende 40 oder Anfang 50 einen Neustart wagen, noch gute 20 bis 25 Jahre beruflich aktiv durchstarten. Gerade bei Personen, bei denen entweder keine Familienangehörige Aufmerksamkeit und Versorgung fordern oder sich durch einen familiären Umbruch nicht mehr im Aktionsradius befinden, ist es eine durchaus verlockende Perspektive, es nochmals neu wissen zu wollen.

3.2 Eine Übersicht über Möglichkeiten einer zweiten Karriere

Eine erste ausführliche Untersuchung zu Anlässen von bzw. Erfahrungen mit einer zweiten Karriere konnte Hermina Ibarra mit ihrem Werk „Working Identities" (Ibarra 2004) vorlegen. Anhand von 54 Beispielen konnten unterschiedliche

Muster aufgezeigt werden. Diese reichten von Sinnkrisen oder Burn-out-Erfahrungen über den Wunsch, die Persönlichkeit noch weiter zu entwickeln, bis hin zum Wunsch, Kindheitsträume zu verwirklichen. Eine nähere Betrachtung verschiedener, in der aktuellen Berichterstattung vorgestellter Beispiele (siehe hierzu Hillebrecht 2017) lässt insgesamt fünf relevante Typen für eine zweite Karriere erkennen:

- Der Neustart nach einer Sinnkrise, möglicherweise auch einem Burn-out
- Die Verlängerung der Lebensarbeitszeit, über die gesetzliche Rentengrenze hinaus
- Der familienbedingte Berufsumstieg
- Die „Anschlussverwendung" bei Zeitsoldaten nach Ablauf der Verpflichtungszeit bzw. bei Leistungssportlern, die am Ende ihrer sportaktiven Karriere nach Alternativen suchen
- Die Vermeidung bzw. Beendigung von Arbeitslosigkeit, weil in dem bisher ausgeübten Beruf keine Perspektiven mehr existierten oder gar die gesundheitliche Belastung zu hoch war

Selbstredend können auch weitere Typen existieren, die aber anhand ihrer bisher auftretenden Häufigkeit nicht weiter verfolgt werden. Daneben lassen sich Mischformen erkennen, z. B. in Form des „total cut" bei einer Auswanderung (siehe auch Porr und Dillenburg 2014, S. 3 ff.; Glaubitz 2001; als Erfahrungsbeispiele Raechl 2016; Sternberg 2016). Dieser wird in boulevardesker Form z. B. im Fernsehformat „Goodbye Deutschland – Die Auswanderer" bei RTL thematisiert. Darin sieht man Personen, die nach dem Umzug in ein anderes, meist mit mehr Sonne versehenes Land im Vergleich zu Deutschland sich auch beruflich neu orientieren wollen, mit teilweise durchwachsenem Erfolg. Die wesentlichen Typen sind in Abb. 3.2 zusammengefasst.

Nachfolgend werden die wesentlichen Typen einer zweiten Karriere näher charakterisiert.

3.3   Die zweite Karriere nach einer Sinnkrise

Die in der Berichterstattung dominierenden Beispiele für eine zweite Karriere stellen Personen dar, die irgendwo in der Altersspanne zwischen Ende 30 und Mitte 50 einen beruflichen Neustart absolvieren. Im Hintergrund scheint eine wie auch immer erlebte „Midlife-Crisis" (Hofelich 2016, vergleichbar Kofler und Güntert 2013; Machatschke und Jauernig 2017, S. 113 ff.) auf. Nach einer

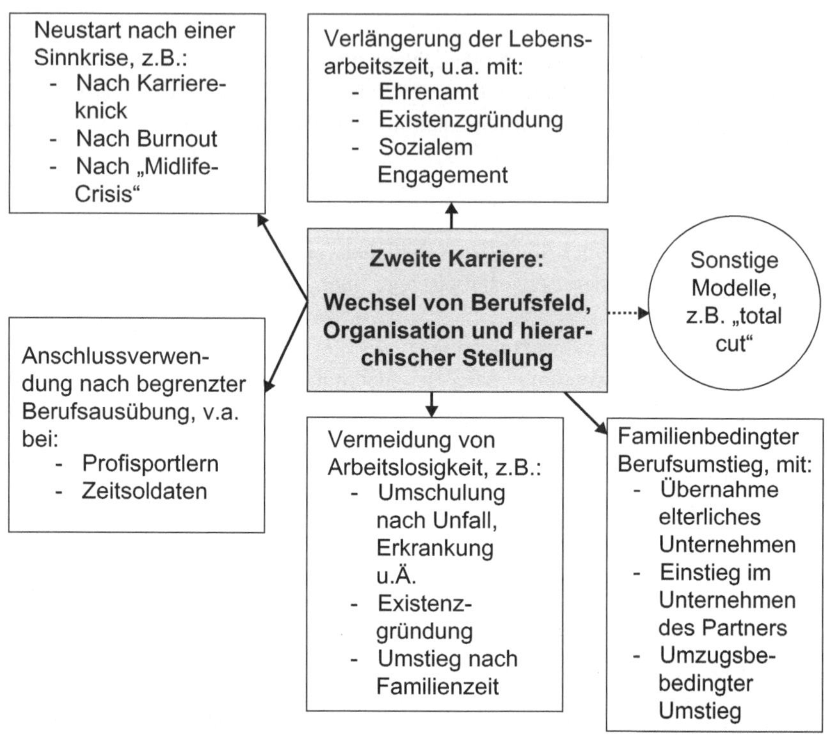

Abb. 3.2 Wesentliche Typen einer zweiten Karriere. (Quelle: Eigene Erstellung)

profunden Berufserfahrung, mit teilweise sehr beachtlichen Karriereschritten, stellt sich aus verschiedenen Gründen die Sinnfrage (siehe auch Cisik 2015, S. 64 ff.), weil z. B. Kollegen wiederholt bevorzugt wurden (vgl. Ibarra 2004, S. 116 f., vor allem bei weiblichen Umsteigern als Motivator gegeben: siehe Schlesiger 2007; ergänzend Bylow und Vaillant 2016, S. 219 ff.; Funken 2015, S. 48–52; Meuselbach 2014), die nächsten Karrierepositionen auf absehbare Zeit von anderen Kollegen blockiert werden, eigene Arbeitsbereiche trotz hohen Einsatzes wegrationalisiert wurden oder schlicht und einfach kein ausreichender Sinn mehr in der ausgeübten Tätigkeit gefunden wird, vielleicht sogar ein Burn-out die Entscheidungsfindung beschleunigt (siehe auch Braun und Hillebrecht 2016, S. 84–86). Die genannte Altersspanne lässt auf eine profunde Arbeitserfahrung im bisherigen Berufsfeld schließen, mit gewissen Karriereerfolgen, aber auch auf die

Notwendigkeit, noch deutlich mehr als zehn Jahre bis zu einem Ruhestand mit einer sinnvollen Erwerbsarbeit zu verbringen (siehe auch Cisik 2015, S. 63 f.).

Unter den berichteten Beispielen finden sich bekannte Politiker, die in die Wirtschaft wechseln (vgl. Braun 2017, S. 16; o. V. 2014a; Stratmann 2017, S. 45), oder auch vice versa, Personen mit einem Umstieg von der Wirtschaft in die Politik, u. a. in Gestalt der kanadischen Ministerin Chrystia Freeland. Nach einer anspruchsvollen journalistischen Karriere kehrte sie 2013 nach Kanada zurück, übernahm zunächst einen Parlamentssitz und wurde 2014 Handelsministerin und Ende 2016 schließlich Außenministerin (vgl. Braune 2016).

In großer Zahl kommen eher unbekannte Mitbürger vor, wie z. B. eine Tontechnikerin, die mit Anfang 40 nochmals neu als Köchin die Spitzengastronomie anpeilt (vgl. Lau 2016, S. 72 ff.), oder ein Architekt, der nunmehr eine Fahrradmanufaktur betreibt (vgl. Spaniol 2017, S. 89 f.). Schon seit längerem berichten Medien über die Krankenschwester Beate Stelzer, die als zweiten Beruf die Hochseeschiffart wählte und nunmehr als Kapitänin zur See fährt (vgl. Brunner 2015; Glaubitz 2001, S. 193 f.; o. V. 2016a; Weiss et al. 2017, S. 90–103). Investment-Banker betreiben einen Imbissstand im Bankenviertel oder gehen künstlerischen Neigungen nach, Führungskräfte schulen auf einen Handwerksberuf um (vgl. Brambusch und Zapf 2016, S. 30 ff.; Weiss et al. 2017, S. 102 f.) oder wechseln in die Hochschullehre (vgl. Machatschke und Jauernig 2017, S. 113 ff.; ähnlich Stermsek und Hillebrecht 2017, S. 12 f.) bzw. in den Schuldienst (vgl. Anastassiou 2012; Aschwanden 2016; Böhrmann 2011, S. 11 ff.; Hergert 2017, S. 12; Lund 2009; Naumann 2014; Nodari 2010; o. V. 2015; von Elm 2009). Als besonders illustre Beispiele gelten z. B. ein gelernter Koch, der zunächst nach einer Behinderung zum Mediengestalter umschulte und aktuell als Burgverwalter bei Salzburg Verantwortung für mehrere Mitarbeiter und ein mittelalterliches Bauwerk trägt (vgl. Kowitz 2017, S. 116 ff.), sowie ein Zahnarzt, der seine Praxis aufgibt, um eine Ausstellungshalle in Rostock zu leiten (siehe Böttcher 2016, S. 66 ff.; Weiss 2017, S. 91–105).

Derartige Umstiege sind oft genug mit finanziellen Einbußen verbunden (vgl. Palan und Seeger 2001; Willenbrock 2016, S. 50 ff.), versprechen allerdings auch bisher unbekannte Erfolgserlebnisse (vgl. Hoffmann und Fabrizi 2016; Piatschek 2016, S. 73; Reich 2016, S. 44 ff.; zur Risikosituation ergänzend Freitag und Rettig 2016, S. 54 ff.; Kutsche 2017, S. 18) oder gar die Verwirklichung bisher verdrängter Jugendträume. Als Paradebeispiel gilt der Umstieg in den Beruf des Flugbegleiters. Ein aktuell hoher Bedarf an Arbeitskräften in Verbindung mit relativ groben Vorgaben zur bisherigen beruflichen Tätigkeit und einer relativ kurzen Ausbildungszeit von wenigen Wochen Dauer versprechen quasi bezahlten

Tourismus und verschiedene interkulturelle Begegnungen (vgl. Baumann 2016; Funck 2016; in allgemeiner Form Glaubitz 2001).

Die Sinnfrage wird insbesondere bei Personen sichtbar, die sich einem Heilberuf (vgl. Kuhn 1999; tiefer gehend bei Diakonie 2016) oder einer seelsorgerlichen Tätigkeit zuwenden. Die katholische Kirche kennt dies seit Jahrzehnten unter dem Etikett „Spätberufene" (vgl. z. B. Böhi 1956; Hilbk 1999). Als ein prominentes Beispiel gilt der ehemalige „Tatort"-Darsteller Thomas Astan, der in den 90er Jahren dem Salesianer-Orden beitrat (vgl. Glaser 2000). Aber auch andere Konfessionen können inzwischen verschiedene Beispiele aufweisen (vgl. Crolly 2013).

Als Theoriekonzept sei an dieser Stelle auf die sog. „Karriereanker" nach Edgar H. Schein (engl.: „career anchors"; Schein 2005, S. 5 ff.; Schein und van Maanen 2013, S. 5 ff.) verwiesen. Schein definierte mit Bezug auf berufliche Neuorientierungen verschiedene Ebenen der Korrekturentscheidungen (vgl. Schein 2005, S. 5 ff., zur Rezeption siehe u. a. Ibarra 2005, S. 83; Rappe-Giesecke 2011, S. 18 f.), nämlich:

- Basisannahmen über wünschenswerte Ziele im Leben
- Kompetenzen, Motive und Werte
- Aktuell ausgeübter Beruf, aktuelle Branche, aktuelle Funktion, im Vergleich zu den Wunschvorstellungen zur beruflichen Tätigkeit

Gerade bei Sinnkrisen dürften hier die unterschiedlichen Ebenen von Einfluss sein und ausgehend von der eigenen Wertestruktur einen Vergleich mit der aktuellen Berufstätigkeit nahelegen. Hier sind insbesondere Karriere- und Outplacementberater gefragt, diese Karriereanker bei ihren Klienten aufzudecken und damit der Neuorientierung eine solidere Entscheidungsbasis zu geben.

3.4 Die zweite Karriere nach begrenzter Berufsausübung

Im Gegensatz zum vorgenannten Muster hat man in dieser Fallgruppe die Rahmenbedingung, dass das Ende mehr oder weniger fix vordefiniert wurde. Bei Zeitsoldaten ist der Ausstieg nach Ablauf der Verpflichtungszeit gewollt, bei Profisportlern aufgrund der abnehmenden körperlichen Leistungsfähigkeit grob vorgegeben und irgendwann zwischen dem 35. und 45. Lebensjahr zwangsläufig (vgl. Klein 1993, S. 3 ff.; ähnlich Gauto und Rickens 2017, S. 60) umsatteln müssen.

Zeitsoldaten können bei einem Umstieg in das Zivilleben mit Unterstützungsleistungen des Dienstherrn rechnen (vgl. Bundesamt für das Personalmanagement der Bundeswehr 2014) und teilweise auch auf einen Wechsel in die öffentliche Verwaltung hoffen, z. B. bei einem Switchen von der Militärpolizei in den Landespolizeidienst (vgl. Mallwitz 2015). Sie kommen aber auch für Fach- und Führungspositionen in der freien Wirtschaft oder im Wohlfahrtssektor infrage, z. B. für Tätigkeiten als Erzieher in Kindertagesstätten (vgl. Staudinger 2017) oder in der Leitung von Schulen (vgl. Baltzer 2017). Einzelne Unternehmen wie die Deutsche Bahn AG erhoffen sich sogar durch gezielte Personalwerbung unter Soldaten neue Mitarbeiter (vgl. o. V. 2014b).

Dieser Wechsel impliziert einen nachhaltigen Bruch mit dem bisherigen System und wird damit oft genug von den Betroffenen bewusst gesucht. Hierzu ist eine geeignete Vorbereitung hilfreich, wenn nicht sogar erforderlich (vgl. o. V. 2014c; Schmale 2015 ähnlich – wenngleich veraltet – auch Klein 1993, S. 5 ff.). Zwar können einige Kompetenzen und Qualifikationen aus dem militärischen Kontext übertragen werden, z. B. Führungskompetenzen, Organisationsfähigkeit, Selbstmotivation und Teamfähigkeit. Andere müssen hingegen zusätzlich erworben werden, entsprechend dem angestrebten Tätigkeitsfeld. Die diesbezügliche Berichterstattung ist allerdings nach eigenem Eindruck relativ dünn gesät, was sicher auch etwas mit der fehlenden Prominenz der Protagonisten zusammenhängen mag.

Im Bereich der Profisportler sieht dies ganz anders aus, da hier gerade erfolgreiche Sportler regelmäßig in der Sportberichterstattung erscheinen und damit auch nach dem sportaktiven Leben auf ein gewisses öffentliches Interesse mit ihren Nachfolgeaktivitäten stoßen. Skisportler gründen ein eigenes Sportgeschäft (Schlammerl 2013; o. V. 2016c), führen ein Hotel (vgl. o. V. 2013a) oder managen ein Museumsdorf (vgl. Hampel et al. 2017, S. 23). Leistungsschwimmer betreiben eine Kommunikationsagentur (vgl. Fröhlich und Groß 2009) oder arbeiten in der Personalentwicklung eines Modekonzerns (vgl. Pauleweit 2014). Im Alltagsleben präsent ist den meisten vermutlich der frühere Skifahrer Hansi Hinterseer, der nunmehr als Sangeskünstler und Fernsehmoderator seinen Lebensunterhalt verdient (vgl. Hampel et al. 2017).

Ein erfolgreicher Umstieg scheint hier vor allem durch zwei Faktoren begünstigt zu sein:

- Eine klare Zielvorstellung von dem, wie es nach der sportlichen Karriere bzw. der Dienstzeit bei Polizei und Bundeswehr weitergeht
- Eine entsprechende Ausbildung bzw. ein entsprechendes Studium, das parallel in der ersten Karriere absolviert wird

Daher sollten alle Aktivitäten mit einer begrenzten Ausübungszeit entsprechend unterfüttert werden. Sportvereine bzw. -verbände sind ebenso gut beraten, wenn sie ihren Schützlingen entsprechende Angebote vermitteln und sie in ausreichender Zeit für die Entwicklung einer zweiten Karriere freistellen oder anderweitig unterstützen können. Hierzu bietet z. B. in der Schweiz der Personaldienstleister Adecco zusammen mit dem Internationalen Olympischen Komitee (IOC) ein „Athlete Career Programme" an, das aber allem Anschein nach immer noch ungenügend auf den tatsächlichen Bedarf eingeht (vgl. Tresch 2012). Hierin scheint die Bundeswehr mit einem entsprechenden Studium bzw. mit ihrem Berufsförderungsdienst eine vorbildliche Weichenstellung vorgenommen zu haben (siehe auch Bundesamt für das Personalmanagement der Bundeswehr 2015).

3.5　Die zweite Karriere als Wiedereintritt in den Arbeitsmarkt

Eine besondere Gruppe, und hier kommen Genderaspekte zum Tragen, finden sich in den Personen, die nach einer längeren Familienphase mit Kindererziehung oder elder care wieder in das Berufsleben einsteigen wollen. Allerdings stellen sie häufig fest, dass die früheren Berufserfahrungen veraltet sind und damit keine Rückkehr in alte Berufstätigkeiten zulassen (vgl. BMFSFJ 2016, S. 4 ff.). Vielleicht wurde für die Familienzeit auch eine Arbeitsstelle im Unternehmen des Lebenspartners übernommen, und nach der Trennung scheidet ein Fortführen dieser Tätigkeit aus. Betroffene gründen in der Regel eigene Unternehmen im Dienstleistungssektor oder wechseln nach einer entsprechenden Weiterbildung in beratende oder (sozial-)therapeutische Berufe, wobei dieses Engagement nicht immer auf Unterstützung in der Familie stößt (vgl. Hauser 2016, S. 50 f.; Reich 2016, S. 48 f.; siehe ergänzend Vorsamer 2016).

Beraterische Begleitung erfolgt insbesondere durch die Arbeitsverwaltung und wird teilweise auch durch Weiterbildungsmaßnahmen ergänzt. Eine darüber hinausgehende, privat beauftragte Beratung setzt in der Regel gewisse finanzielle Ressourcen voraus und dürfte eher selten vorkommen.

3.6　Die zweite Karriere im Familienkontext

Das Modell des familienorientierten Umstiegs hängt eng mit den Karriereplänen des Ehepartners und der eigenen Gewichtung von familiären Bindungen zusammen. Es kommt in den drei Untertypen „Umstieg nach Einheirat" bzw. „Umstieg durch innerfamiliäre Nachfolgeregelung" und „Umstieg aufgrund familienbedingter Umzüge" vor.

Zu nennen ist das Beispiel einer ausgebildeten Krankenschwester, die nach Heirat in der Unternehmensleitung eines Rettungsdienste-Ausrüsters eintrat (vgl. Schröder 2016, S. 61). Eine Sekretärin zieht nach ihrer Heirat mit einem Schweden die Küche dem Schreibtisch vor und eröffnet ein Hotel (vgl. Hensel 2013). Vergleichbar sind Fälle, bei denen Kinder das Unternehmen der Eltern übernehmen, nach langjähriger Betätigung in anderen Branchen und Beschäftigungsformen. Beispielhaft dafür gilt eine IT-Beraterin, die nach dem Ruhestand der Mutter die elterliche Buchhandlung „Kirchzartener Bücherstube" fortführt (vgl. Reinicke 2015, S. 40, 43). Eine entsprechende beratende Begleitung wird selten gesucht, da man aufgrund der Vertrautheit mit den Aufgaben davon ausgeht, dass die nachfolgende Generation weiß, was sie tut, und sich entsprechend einarbeitet. Aber genau hierin könnte ein Trugschluss liegen, denn auch eine äußerliche Vertrautheit mit der Branche bedeutet noch lange nicht eine wirkliche Vertrautheit. Zumindest sollte man an dieser Stelle Hospitationen bei befreundeten Unternehmen in Betracht ziehen.

Nicht zuletzt kann man an die Beispiele denken, in denen durch einen berufsbedingten Umzug des einen Lebenspartners der andere Lebenspartner vor die Notwendigkeit gestellt wird, sich beruflich neu orientieren zu müssen. Dies gilt insbesondere für einen Umzug in das Ausland. Oftmals können die Berufe aufgrund des anderen Standesrechts oder arbeits- und fremdenrechtlicher Regelungen nicht mehr ausgeübt werden. Daher sind die Betroffenen gezwungen, sich völlig neue Tätigkeiten zu suchen, z. B. wenn eine Ärztin ihren Ehemann nach China begleitet, der dort die Leitung eines Werkes seines Konzerns übernimmt. Hier können sich Tätigkeiten anbieten, die im Bereich kulturell-künstlerischer oder sozialer Art liegen. Ob diese Tätigkeiten auch ähnlich erfüllend wie die vorher ausgeübten sind, mag dahingestellt bleiben – eine entsprechende Vorbereitung auf die Auslandsentsendung sollte auch die Familienangehörigen umfassen und mit geeigneter Beratung und vielleicht auch dem Angebot von adäquaten Einsatzfeldern verbunden werden.

3.7 Die zweite Karriere zur Verlängerung der Lebensarbeitszeit

Grundsätzlich können viele Menschen an ihrem 60. Geburtstag noch von zehn bis fünfzehn, vielleicht sogar noch zwanzig relativ aktiv gestaltbaren Lebensjahren ausgehen (siehe auch Abicht 2016, S. 16 f.; Schönberger 2016, S. 59; Vough et al.

2016, S. 105 ff.). Gerade höher qualifizierte Fach- und Führungskräfte, die bereits mit Ende 50 oder Anfang 60 in den Ruhestand geschickt werden (siehe auch Collamer 2013, S. 8 ff.; Groll 2012; Hergert 2010; Vough et al. 2017, S. 88 f.), sind hiervon betroffen, um z. B. für die Verjüngung des Unternehmens Platz zu machen.

Andererseits fühlen sich viele dieser Menschen noch zu jung, um gleich die Berufstätigkeit insgesamt aufzugeben, sodass eine neue Betätigung gesucht wird. Deutlich erkennbar, gerade Menschen ohne finanzielle Notwendigkeiten suchen auch nach der Pensionierung Möglichkeiten zur beruflichen Aktivität (vgl. Pfarr und Maier 2015), zumal Personen mit einer höheren Bildung (und entsprechender finanzieller Absicherung im Alter) einer geringeren körperlichen Belastung ausgesetzt sind und damit eine längere berufsaktive Zeit möglich ist (vgl. Creutzburg 2017; Hoffmeyer 2017, S. 65). Unter dem Schlagwort des „Rentnertods" (o. V. 2010, vertieft bei Eibich 2014) werden die überraschend schnellen Todesfälle von Menschen im Ruhestand subsumiert, die an dem „nicht mehr gebraucht werden" regelrecht zugrunde gehen.

Schließlich stellt bei ihnen der Wert des erworbenen Humankapitals einen Anreiz dar, sich weiterhin aktiv einzubringen, was in vielfältiger Weise möglich ist (siehe Abicht 2016, S. 19 f.; Uhtenwold 2016a, b; Sommerhoff 2016; Vough et al. 2017, S. 88 ff.; Walwei 2014, S. 8 f.). Die Spannbreite umfasst dabei:

- Die Gründung eines Unternehmens, z. B. mit der Gründung eines Reisebüros für Trauerreisen für Hinterbliebene, bei der Martina Taruttis aus eigenen Erfahrungen ebenso wie aus der Ausbildung als Soziologin und Trauerbegleiterin schöpfen konnte (vgl. Tilly 2011);
- Genauso auch Tätigkeiten als Aufsichtsrat, als Unternehmensberater oder als Coach und Berater für andere Menschen, z. B. als „Senior-Experten" in der Entwicklungshilfe oder auch als „Senior Business Angel" in der Begleitung von jungen Unternehmensgründern (vgl. Töpper 2012);
- Aktivitäten im gemeinnützigen Bereich, als so genannter „one dollar man", z. B. wenn ehemalige Vorstandsvorsitzende sich im Trägerverein eines kommunalen Tierparks engagieren (vgl. Schießl 2016), in der Hospizarbeit, als „Leih-Oma" bzw. „Senior au pair" für Familien im Ausland;
- Nicht zuletzt politisches Engagement, mit dem besonders bekannten Beispiel des CDU-Politikers Jörg Schönbohm, der nach einer militärischen Karriere als 60-Jähriger noch den Einstieg in die Politik suchte und über 13 Jahre als Innenminister in Berlin und Brandenburg wirkte (vgl. Graw 2007).

Sicher wird hierbei ein wesentlicher Aspekt wegfallen, der anderen Mustern und Typen inhärent ist, nämlich die Notwendigkeit zum Verdienst des Lebensunterhalts. Aber auch hier kann es sinnvoll sein, Beratungs- und Begleitungsangebote zu offerieren, die einer Orientierung zu besonders geeigneten und gefragten Aktivitäten dient und dabei auch Anforderungen an das gewählte Arbeitsfeld aufzeigt.

Wichtige Rahmenbedingungen einer zweiten Karriere

4.1 Notwendigkeit der persönlichen Orientierung und Begleitung

Eine berufliche Neuorientierung stellt verschiedene Anforderungen an die Protagonisten. In fachlicher Hinsicht sind neue Qualifikationen zu erwerben, die teilweise ausführlicher sind und möglicherweise auch Sachkundenachweise oder andere Prüfungen beinhalten. Eine ausreichende materielle Versorgung, für die Überbrückung der Anlaufphase und die Finanzierung notwendiger Ausbildungsmaßnahmen, ist essenziell. Ebenso wichtig ist die psychologische Mobilität, um sich auf die neuen Anforderungen einzustellen und mit Anlaufschwierigkeiten umgehen zu können. Nicht zuletzt läuft man beim Ausstieg aus bewährten beruflichen Bahnen auch ein wirtschaftliches und soziales Risiko, das möglichst gering bleiben sollte.

Im Hintergrund eines beruflichen Umstiegs stehen eine sorgfältige Analyse der Anforderungen, der Chancen am (Arbeits-)Markt und der Möglichkeiten zur Umsetzung des Plans. Zudem sollte man auch auf Loyalität und Unterstützung durch den engeren Familien- und Freundeskreis setzen können. So sieht man in einer Schweizer Untersuchung zum beruflichen Umstieg von Primarlehrern (in Deutschland Grundschullehrern), dass gerade die Unterstützung von Familienmitgliedern wesentlich für das erfolgreiche Switchen ist (vgl. Herzog et al. 2007, S. 249–255). Entsprechend der Risikodisposition ist es daher sinnvoll, sich externe Unterstützung zu sichern.

© Springer Fachmedien Wiesbaden GmbH 2017
S. Hillebrecht, *Die zweite Karriere*, essentials,
DOI 10.1007/978-3-658-18651-7_4

4.2 Unterstützungsmöglichkeiten bei einer zweiten Karriere

Neben eigenen Ressourcen und der Unterstützung durch das soziale Umfeld können weitere Unterstützungsmöglichkeiten sinnvoll sein. Die Neuorientierung im Rahmen einer zweiten Karriere ist erkennbar mit verschiedenen Unsicherheiten verbunden, insbesondere hinsichtlich

- Der fachlichen und persönlichen Eignung für den zweiten Karriereweg
- Der Erwartungssicherheit für den Erfolg im zweiten Karriereweg und den damit verbundenen materiellen Sicherheiten (d. h. der Möglichkeit, den Lebensunterhalt mit dem Einkommen aus der zweiten Karriere zu finanzieren, und ggf. auch eingegangene Verbindlichkeiten bedienen zu können)

Daher können Beratungsangebote von verschiedenen, spezialisierten Dienstleistern eine wichtige und hilfreiche Unterstützung gewährleisten. Dazu zählen insbesondere Berater in den Bereichen Karriere und Outplacement. Sie helfen bei einer Bestandsaufnahme bei den bisher erworbenen Qualifikationen, Kompetenzen und Erfahrungen, spiegeln diesen Istzustand mit den Zielen und Herausforderungen einer Weiterentwicklung und nehmen im Idealfall eine Potenzialprüfung vor, im Sinne der tatsächlichen Eignung (siehe auch Rapp-Giesecke 2011, S. 16 ff.). Gerade bei einem Karriereumstieg in eine selbstständige Existenz, und dies betrifft die deutliche Mehrzahl der in der Literatur benannten Beispiele, sollte man neben einer fachlichen Eignung auch eine Unternehmereignung aufweisen, also die Bereitschaft, selbstständig Kunden zu akquirieren und das für eine erfolgreiche Existenz notwendige Durchhaltevermögen.

In einigen Fällen thematisieren gerade Outplacementberater diese Option, da sie interessanterweise genau durch die eigene Erfahrung mit Outplacementberatung auf ihr neues Berufsfeld gestoßen sind und nach sorgfältigem Abwägen die entscheidenden Schritte gegangen sind (vgl. Grunert 2017).

Entsprechende Serviceleistungen können nach gängiger Literatur vor allem folgende Schritte umfassen (siehe auch Hillebrecht und Peiniger 2015, S. 206 ff.):

- Ein Auftaktgespräch mit der Zielperson, dem Berater und ggf. Unternehmensvertretern, möglichst direkt im Anschluss an das Freistellungsgespräch, um den Kandidaten direkt in seinem „mentalen Absturz" aufzufangen
- Explorationsgespräche mit ein bis zwei Terminen

- Eine Definition der Interessen der Zielperson, der Rahmenbedingungen (z. B. Familie und ihre Unterstützung, räumliche Mobilität, Branchenmobilität, …), Erfolgswünsche und -vorstellungen
- Umsetzungsgespräche (3–8 Termine), die neben einer Perspektivendefinition auch Bewerbungstrainings, Gespräche mit sozialem Umfeld, eignungsdiagnostische Analysen oder die Vorbereitung bei der eigenen Existenzgründung umfassen können
- Ggf. auch begleitend ein Gruppengespräch mit anderen Betroffenen, damit der Klient erfährt, dass er mit seiner Situation, seinen Fragen und Anliegen nicht allein steht
- Nach Auftragsende ggf. noch einen Follow-up-Termin nach ca. sechs bis zwölf Monaten

Speziell für den beruflichen Umstieg kann ein Outplacementberater verschiedene, in der folgenden Checkliste abgebildete Punkte mit dem Klienten klären.

Checkliste zum beruflichen Umstieg
- Welche Kompetenzen hat der Klient, und sind diese branchen- bzw. berufsgebunden (z. B. Ausbildereignung, handwerkliche oder technische Qualifikationen) oder unabhängig von einem bestimmten Berufsfeld (z. B. Organisationstalent, Führungsverhalten, Akquisitionsgeschick, …)?
- Gibt es außerhalb des bisher ausgeübten Berufsfeldes Interessen, die bisher zurückgestellt wurden (z. B. aus Hobbys oder „Kindheitsträumen" – entsprechend schildern lassen)?
- Über welche entsprechenden Erfahrungen, Fachkenntnisse, Bildungsnachweise, Befähigungen etc. verfügt der Klient hierzu? Bzw. in welchem Zeithorizont und mit welchen Maßnahmen kann der Klient sich diese verschaffen?
- Welche finanziellen Mittel besitzt der Klient (Barvermögen, Geldanlage, Immobilien, ggf. auch Kredite oder vorgezogene Eigentumsübertragung in der Familie)?
- Welchen Verpflichtungen unterliegt der Klient (z. B. Sorge/Pflege für Familienangehörige), die den Klienten ggf. einschränken könnten (z. B. bezüglich der regionalen Mobilität)?
- Welche Unterstützung hat der Klient im Familien-/Freundeskreis für den Umstieg?

- Was kann der Klient an positiven und eingrenzenden Merkmalen mit einem beruflichen Umstieg verbinden („psychologische Mobilität")?
- Bei einer geplanten Existenzgründung: Gibt es ggf. Unternehmen, bei denen eine Unternehmensnachfolge ungesichert ist und die demzufolge kurz- bis mittelfristig übernommen werden könnten (Ort, Branche, Größe, Struktur, …)?

Quelle: eigene Erstellung

Derartige Überlegungen können eine Mobilisierung des Klienten erzielen und möglicherweise auch eine attraktive Alternative zu einem Verbleib in der bisherigen Branche bzw. im bisherigen Berufsfeld. Ergänzend können Persönlichkeitstests der verschiedensten Art (siehe z. B. die Aufstellung bei Hossiep und Mühlfeld 2015, S. 69 ff.) helfen, den Wünschen nach einer beruflichen Veränderung ein breiteres Fundament zu geben.

Selbstredend erfordern solche Beratungsprozesse eine Finanzierung, die sich je nach Umfang im Bereich von drei- bis fünfstelligen Summen bewegt (bei Top-Führungskräften deutlich sechs- oder siebenstelligen Jahresgehältern). Diese Summen sind normalerweise vom Klienten selbst zu tragen, sofern nicht im Rahmen einer Outplacementregelung der bisherige Arbeitgeber diese in Teilen oder ganz übernimmt. Dabei kann es sinnvoll sein, die Outplacementberatung in der Gesamtsumme der Abfindung zu integrieren. Damit vermeidet der Arbeitnehmer die Anrechnung dieses Anteils bei Steuern (nach § 24 I EStG) und ggf. Sozialabgaben nach § 14 SGB IV (siehe auch Urteil des Bundessozialgerichts vom 21.02.1990, Az. 12 RK 65/87). Der Arbeitgeber selbst kann die Outplacementberatung als reguläre Betriebsberatung geltend machen. Daneben können Beratungsleistungen öffentlicher Dienstleister, insbesondere seitens der Arbeitsverwaltung, sinnvolle Alternativen sein. Gerade die im nächsten Abschnitt darzustellenden gesamtwirtschaftlichen Vorteile legen es nahe, über zusätzliche staatliche Unterstützungsleistungen nachzudenken.

4.3   Gesamtwirtschaftliche Vorteile einer zweiten Karriere

Neben einzelwirtschaftlichen Aspekten, aus der Perspektive des einzelnen Betroffenen zu sehen, können auch gesamtwirtschaftliche Überlegungen einer Förderung zweiter Karrieren angestellt werden.

Erstens stehen in den nächsten Jahren vermutlich Personalfreisetzungen in erheblichem Maße an. Dies betrifft den Banken- und Finanzwirtschaftssektor (vgl. o. V. 2016b; o. V. 2016d; Sommerfeld und Zschäpitz 2016) und die Automobilwirtschaft (vgl. Büschmann und Fromm 2016, S. 19) und sicher auch weitere Wirtschaftsbereiche, in denen die zunehmende Digitalisierung erhebliche Rationalisierungspotenziale bewirkt, die sich neben bestimmten Tätigkeiten im Handel und in der Produktion auch auf qualifizierte Berufsfelder wie Ingenieure und Journalisten auswirken wird (vgl. z. B. Fuest 2016; Haerder 2016). Und wenn in der Branche in erheblichem Maße abgebaut wird, kann nur ein Teil der Betroffenen bei anderen Unternehmen der Branche wieder unterschlüpfen. Ein Branchen- bzw. Berufswechsel erscheint für manche Betroffene vonnöten.

Zweitens wird schon seit Jahren auf einen Mangel an Unternehmensnachfolgen hingewiesen. Eine fünfstellige Zahl an Unternehmen werden in den nächsten Jahren liquidiert werden, weil in der Familie kein Interessent bzw. kein qualifizierter Sukzessor bereitsteht (siehe auch Doll 2016; Obmann 2015). Ähnliches wird sich auch für Österreich (vgl. Ziniel et al. 2014, S. 28 ff.) und die Schweiz (vgl. Castiglionie et al. 2015, S. 18 ff.) sagen lassen, in den entsprechenden Relationen der Bevölkerungszahlen und gesamtwirtschaftlichen Daten. Hier kann also die Existenzgründung bzw. Übernahme eines Unternehmens eine interessante Perspektive bieten.

Drittens scheinen Lehrberufe gerade in Mangelfächern eine interessante Ausweichoption darzustellen. Anhand der Berufserfahrung versprechen Berufswechsler eine größere Gelassenheit und Stressresistenz, gerade im Umgang mit schwierigeren Schülern, zu bieten (Aschwanden 2017; Böhrmann 2011; Lund 2009; Nodari 2010; Smolka 2016; von Elm 2009; analog für die Hochschullehre Dittmann 2016; Stermsek und Hillebrecht 2017, S. 13 ff.). Aber auch andere Aufgaben im Nonprofitsektor können gerade für gereifte Personen ein interessantes Betätigungsfeld werden, wenn spezifische Inhalte, soziale Prozesse und Beziehungen im Vordergrund stehen und weniger ein bestimmtes Gehaltsniveau.

In der Gesamtperspektive bieten sich für den Arbeitsmarkt und die Volkswirtschaft in toto weitere, durchaus sehr erhebliche und bedenkenswerte Vorteile:

- Die Vermeidung von Arbeitslosigkeit, damit auch Vermeidung entsprechender Sozialleistungen
- Die Schaffung neuer Arbeitsplätze, wenn die zweite Karriere mit einer Unternehmensgründung verbunden ist, wie es z. B. die Münchner Existenzgründerstudie sieht (vgl. Landeshauptstadt München 2010, S. 2 f.)
- Das Einbringen von Innovationen, die mit der Existenzgründung verbunden sind

- Die weitere Nutzung des durch Lebens- und Berufserfahrung erworbenen Humankapitals, auch abseits des ursprünglich ausgeübten Berufs
- Teilweise auch eine sinnvolle Nachfolgeregelung für Unternehmen, bei denen sich die Inhaber zur Ruhe setzen wollen, und auch damit eine Beschäftigungs- und Versorgungssicherung
- Nicht zuletzt das Vermeiden eines Burn-outs, wenn das bisherige Arbeitsumfeld als zu belastend empfunden wird, bzw. die Möglichkeit, nach einem Burn-out den Umstieg in eine weniger belastende Arbeitsumgebung zu finden (siehe auch Braun und Hillebrecht 2016, S. 84–86) – es ist klar erkennbar, dass Betroffene ihre Lebensumstände oftmals leichter ändern können, wenn sie das gesamte Setting ändern; die Veränderung einer belastenden Umgebung hingegen dürfte eher am Beharrungsvermögen vieler Organisationen scheitern

Diese Vorteile legen nahe, hier die entsprechenden Beratungsbedarfe mit geeigneten sozialwissenschaftlichen Methoden zu vertiefen, entsprechend der gesamtwirtschaftlichen Vorteilhaftigkeit geeignete Unterstützungsmöglichkeiten zu suchen und damit das Arbeitsmarktpotenzial der zweiten Karriere noch besser auszuschöpfen. Dies legen auch internationale Vergleiche nahe, bei denen Deutschland im Verhältnis zu anderen EU-Ländern deutlich zurückliegt (vgl. Nisic und Trübswetter 2012). Dies kann z. B. in Form von finanziellen Anreizen ebenso wie in Form spezieller Informations- und Weiterbildungsprogramme geschehen. Nicht zuletzt sollte die Überlegung geprüft werden, inwiefern strukturelle Umbrüche für eine zweite Karriere nutzbar sind, in Form der Übernahme von Dienstleistungsunternehmen ohne Nachfolger (siehe auch Obmann 2015; Ziniel 2014). Es ist allerdings auch naheliegend, dass die Gewährung öffentlicher Unterstützung ebenso wie eine breitere öffentliche Resonanz vom Vorliegen belastbarer empirischer Daten abhängen dürfte. Aber auch das Angebot entsprechend gestalteter Beratungsliteratur oder von Gesprächsrunden Betroffener kann hilfreich sein, wobei bereits ein vielfältiges Angebot hierzu vorliegt.

Fazit 5

Der Start in eine zweite Karriere stellt sich als ein in Publikumsmedien häufig vorkommendes Phänomen dar, das als Alternative zu klassischen Karrieren ebenso infrage kommt wie als Ausweg aus einer beruflichen Sackgasse bzw. einer Freistellung, ohne Perspektive in der bisherigen Branche. Dafür stehen sowohl Möglichkeiten der Existenzgründung als Perspektiven in anderen Wirtschaftssektoren (z. B. im Nonprofitbereich) zur Verfügung.

Mit dem Konzept der zweiten Karriere, unter den Rahmenbedingungen „Wechsel der Organisation" und „Wechsel des Berufsfeldes", liegt ein Ansatz vor, wie man Arbeitnehmer in der beruflichen Veränderung beobachten und beraterisch begleiten kann, um daraus Erfolgsfaktoren abzuleiten sowie ggf. auch Unterstützungsleistungen Dritter zu definieren. Er wird neueren Karrieremodellen rund um „circumferential career" und „encore career" entgegenkommen und aktuellen beruflichen Entwicklungen sowie den zukünftigen Herausforderungen am Arbeitsmarkt entsprechen.

Bei den Ansätzen zur zweiten Karriere erkennt man in allen vorgestellten Typen einen relativ hohen Beratungs- und Fortbildungsbedarf. Dieser stellt entsprechende Herausforderungen an Berufs- und Karriereberater, Coaches, Outplacementberater sowie Personalentwickler. Beratung sollte eine sorgfältige Prüfung von Potenzialen und Erwartungen sowie beruflicher Eignung umfassen, sowohl in fachlicher als auch in persönlicher Hinsicht. Sofern diese Prüfung positiv ausfällt, zeigen die verschiedenen, in den Medien vorgestellten Beispiele, dass die Erwartungen oft genug eintreffen und die Entscheidung als richtig erscheint.

© Springer Fachmedien Wiesbaden GmbH 2017
S. Hillebrecht, *Die zweite Karriere,* essentials,
DOI 10.1007/978-3-658-18651-7_5

Literatur

Abicht, Lothar: Neue Lebensphasenmodelle für 50+, in: LO Lernende Organisation, Nr. 92 vom Juni/Juli 2016, S. 14–27.

Abrahams, Martin u. a.: Studie „Von der Schule in den Beruf", IAB-Bericht vom Mai 2013 (Aufruf am 23.02.2017) unter https://doku.iab.de/aktuell/2013/aktueller_bericht_1301.pdf.

Achterhold, Gunhild: Wie wir wurden, was wir sind, Beitrag vom 10.01.2017 (Aufruf am 16.01.2017) unter www.sueddeutsche.de/karriere/berufswahl-wie-wir-wurden-was-wir-sind-1.3325204.

Alboher, Marci: The Encore Career Handbook – How to Make a Living and a Difference in the Second Half of Life, New York NY: Workman Publishing 2012.

Anastassiou, Christina: Raus aus der Karrierefalle so leben Downshifter, Beitrag vom 11.11.2012 (Aufruf am 01.02.2017) unter www.welt.de/wirtschaft/article110886114/Raus-aus-der-Karrierefalle-So-leben-Downshifter.html.

Anathasou, James A.; van Esbroeck, Raoul: The International Handbook of Career Guidance, Springer 2010.

Arthur, Michael B.: „The boundaryless career: A new perspective for organizational inquiry", Journal of Vocational Behavior, 15. Jg., Nr. 7/1994, S. 294–306.

Aschwanden, Marius: Quereinsteiger sind die zufriedeneren Lehrer, Beitrag vom 01.07.2016 (Aufruf am 22.02.2017) unter www.bernerzeitung.ch/region/kanton-bern/quereinsteiger-sind-die-zufriedeneren-lehrer/story/29840157?track.

Astheimer, Sven: Häuptling ohne Indianer, Beitrag vom 30.01.2013 (Aufruf am 22.03.2017) unter www.faz.net/aktuell/beruf-chance/arbeitswelt/fachlaufbahnen-fuer-experten-haeuptling-ohne-indianer-12038533.html.

Baltzer, Sebastian: Ein Offizier für Salem, Beitrag vom 16.02.2017 (Aufruf am 22.02.2017) unter www.faz.net/aktuell/beruf-chance/campus/elite-internat-ein-offizier-fuer-salem-14873615.html.

Baumann, Jana Gioia: Germany's next Saftschubse, Beitrag vom 03.11.2016 (Aufruf am 04.01.2017) unter www.zeit.de/2016/44/lufthansa-stewardess-casting.

Becht, Monika: Reif für den Wechsel! Frankfurt/Main: Societätsdruckerei 2000.

Becker, Lisa: Neubeginn in der Lebensmitte, Beitrag vom 26.11.2012 (Aufruf am 03.03.2017) unter www.faz.net/aktuell/beruf-chance/ue-40-ausbildung-neubeginn-in-der-lebensmitte-11968937.html.

Becker, Manfred: Personalentwicklung, 6. Aufl., Stuttgart: Schäffer-Poeschel 2013.

© Springer Fachmedien Wiesbaden GmbH 2017
S. Hillebrecht, *Die zweite Karriere,* essentials,
DOI 10.1007/978-3-658-18651-7

Beincke, Lothar: Einführung und Übersicht über Berufswahltheorien, in: Didaktik der Berufs- und Arbeitswelt, 17. Jg., Nr. 4/1997, S. 14–21.

Bents, Richard; Blank, Reiner: Typisch Mensch – Einführung in die Typentheorie. Beltz Test, Göttingen, 1995.

Bernewasser, Julia: Im besten Alter, in: Die Zeit Nr. 4 vom 19.01.2017, S. 65.

Berthel, Jürgen; Becker, Fred S.: Personalmanagement, 8. Aufl., Stuttgart: Schäffer-Poeschel 2007.

Böhi, Alfons: Der spätberufene Priester, Freiburg/CH 1956.

Böhrmann, Marc: Das Quereinsteiger-Buch – So gelingt der Start in den Lehrerberuf, Weinheim: Beltz 2011.

Böttcher, Dirk: Mal was anderes machen, in: Brandeins, Nr. 8/2016, S. 66–72.

Brambusch, Jens; Zapf, Marina: Just do it, in: Capital, Nr. 2/2016, S. 28–36.

Braun, Ellen; Hillebrecht, Steffen: Arbeitsbuch Burnout für Führungskräfte, Unternehmensberater und Betriebsräte, Mering: R. Hampp 2016.

Braune, Gerd: Kanadas Handelsministerin, Beitrag vom 26.10.2016 (Aufruf am 16.01.2016) unter www.tagesspiegel.de/politik/ceta-kanadas-handelsministerin/14742658.html.

Breitbart, Susanne: Das professionelle 1 × 1 – Strategische Karriereplanung, Berlin: Cornelsen Scriptor 2007.

Buhse, Malte: Die Macht des Zufalls, in: Wirtschaftswoche, Nr. 1–2/2017 vom 06.01.2017, S. 86–89.

Bundesamt für das Personalmanagement der Bundeswehr: Berufsförderungsdienst der Bundeswehr – Jahresbilanz 2014, Bonn: als Broschüre veröffentlicht 3/2015, abrufbar unter www.personal.bundeswehr.de/.../BFD%20Jahresbilanz%202014_finale%20Fassung.pdf.

Büschmann, Karl-Heinz; Fromm, Thomas: Nur noch wenige Jahre, in: Süddeutsche Zeitung, Nr. 275 vom 28.11.2016, S. 19.

Bußhoff, Ludger: Berufswahl, 2. Aufl., Stuttgart: Kohlhammer 1989.

Bylow, Christina; Vaillant, Kristina: Die verratene Generation, Bonn: BPB 2016 (reprint: Düsseldorf: Pattloch 2014).

Campbell, John P. u. a.: A theory of performance: In N. Schmitt, Neil; Borman, Walter C. (Hrsg.), Personnel Selection in Organizations, San Francisco: Jossey-Bass 1993, S. 35–70.

Castiglioni, Marco u. a.: KMU-Spiegel 2015, Hrsg. Von der FH St. Gallen im September 2015 unter www.fhsg.ch/fhs.nsf/files/IFU_KMU-Spiegel%202015%20deutsch/$FILE/FHS-IFU_KMU-Spiegel_2015_DE.pdf.

Chimoy, Tim: Kündige deinen Job und starte ein Freiheits-Business, Hamburg: amazon kindle-edition 2014.

Chudzikowski, Katharina, u. a.: Career Movements and their outcomes – a way of interacting with organisations: An empirical study of career transitions in Austria, Working Paper vom 10.07.2008 (Aufruf am 20.12.2016) unter www.wu.ac.at/fileadmin/wu/o/vicapp/transe_egos08.pdf.

Cisik, Alexander: Die Situation der Manager 40+, in: Personalführung, 48., Jg., Nr. 7-8/2015, S. 64–69.

Clark, Tom u. a.: Business Model You, Frankfurt/Main: Campus 2015.

Collamer, Nancy: Second Act Careers – 50+ ways to profit from your passions during semi-retirements, New York NY: Ten Speed 2013.

Creutzburg, Dietrich: Immer mehr Ruheständler arbeiten, Beitrag vom 08.01.2017 (Aufruf am 10.01.2017) unter www.faz.net/aktuell/wirtschaft/wirtschaftspolitik/arbeitsmarkt-immer-mehr-ruhestaendler-arbeiten-14610161.html.

Crolly, Hannelore: Aus dem Nachrichtenstudio auf die Kanzel, Beitrag vom 23.08.2013 (Aufruf am 10.11.2016) unter www.welt.de/vermischtes/article119292438/Aus-dem-Nachrichtenstudio-auf-die-Kanzel.html.

Diakonie (Hrsg.): Special für Quereinsteiger, Beitrag ohne Datum (Aufruf am 22.02.2016) unter www.soziale-beru-fe.com/special-quereinsteiger#Wie%20kann%20ich%20in%20-den%20sozia-len%20Be-reich%20einsteigen?

Dittmann, Christian: Mit Berufserfahrung an die Hochschule, Münster/Westf.: Waxmann 2016.

Doll, Nikolaus: Weiblich, ledig, jung – sucht Firma, Beitrag vom 06.12.2016 (Aufruf am 07.12.2016) unter www.welt.de/wirtschaft/article160037342/Bin-jung-und-weiblich-suche-Firma.html.

Domsch, Michael: Personalplanung und Personalentwicklung für Führungskräfte, in: von Rosenstil, Lutz, u. a. (Hrsg.): Führung von Mitarbeitern, 5. Aufl., Stuttgart: Schäffer-Poeschel 2003, S. 475–488.

Doll, Nikolaus: Weiblich, ledig, jung – sucht Firma, Beitrag vom 06.12.2016 (Aufruf am 07.12.2016) unter www.welt.de/wirtschaft/article160037342/Bin-jung-und-weiblich-suche-Firma.html.

Eibich, Peter: Die gesundheitlichen Folgen des Renteneintritts, Beitrag vom 20.11.2014 (Aufruf am 15.03.2017) unter www.diw.de/de/diw_01.c.489487.de/presse/diw_roun-dup/die_gesundheitlichen_folgen_des_renteneintritts.html.

Finkenwirth, Angelika: Ein Beruf, den es nicht gibt, Beitrag vom 26.11.2015 (Aufruf am 22.02.2016) unter www.zeit.de/karriere/beruf/2015-11/berufswahl-berufe-portrait-ngo-storytelling-consultant.

Finkenwirth, Angelika: Arzt allein ist zu wenig, Beitrag vom 15.12.2016 (Aufruf am 18.12.2016) unter www.zeit.de/karriere/beruf/2016-12/jobwechsel-arzt-finanzcoach-handtaschendoktor.

Finkenwirth, Angelika: Von der Juristin zur Sportlehrerin, Beitrag vom 01.01.2017 (Aufruf am 02.01.2017) unter www.zeit.de/karriere/beruf/2016-12/jobwechsel-juristin-sportleh-rerin-berufswechsel.

Flügel, Agnes: Die Honigfrau, München: Ludwig 2011.

Forrier, Anneleen, u. a.: Career Counseling in the New Career Era: A Study about the Influence of Career Types, Career Satisfaction and Career Management on the Need for Career Counseling, Arbeitspapier an der KU Leuven von 2005 (Aufruf am 13.02.2017) unter https://core.ac.uk/download/pdf/6304291.pdf.

Forßbohm, Doreen: Berufswahl als Entscheidung, in: BWP Berufs- und Wirtschaftspädagogik Online, Nr. 27/2014, Aufruf am 12.12.2016 unter www.bwpat.de/ausgabe27/forssbohm_bwpat27.pdf.

Freedman, Marc: Encore New York NY: Public Affairs 2007.

Freitag, Lin; Rettig, Daniel: Die Flop-Falle, in: Wirtschaftswoche, Nr. 45 vom 28.10.2016, S. 54–59.

Fröhlich, Diana; Groß, Michael: „Die Wirtschaft ist irrationaler als der Sport“, Beitrag vom 06.06.2009 (Aufruf am 22.02.2016) unter www.handelsblatt.com/unternehmen/management/interview-die-wirtschaft-ist-irrationaler-als-der-sport/3192492.html.

Gartz, Katja: Azubi mit über 30, Beitrag vom 18.03.2015 (Aufruf am 10.10.2016) unter www.tagesspiegel.de/wirtschaft/ausbildung-und-beruf-fuer-aeltere-azubi-mit-ueber-30/12069310.html.

Gasteiger, Rosina M.: Selbstverantwortliches Laufbahnmanagement, Göttingen: Hogrefe 2007.

Gauto, Anna; Rickens, Christian: Richtig aussteigen, in: Handelsblatt Nr. 40 vom 24.02.2017, S. 60–61.

Gerlmeier, Anja u. a. (Hrsg.): Praxishandbuch lebensphasenorientiertes Personalmanagement, Wiesbaden: SpringerGabler 2015.

Graw, Ansgar: Bewegte Vita, Beitrag vom 01.09.2007 (Aufruf am 02.04.2017) unter www.welt.de/welt_print/article1150300/bewegte-Vita.html.

Groll, Tina: Verkäuferin ist nicht gleich Altenpflegerin, Beitrag vom 08.06.2012 (Aufruf am 26.10.2016) unter www.zeit.de/karriere/2012-06/kommentar-umschulung-schlecker-mitarbeiterinnen.

Groll, Tina: Verkäuferin ist nicht gleich Altenpflegerin, Beitrag vom 08.06.2012 (Aufruf am 26.10.2016) unter www.zeit.de/karriere/2012-06/kommentar-umschulung-schlecker-mitarbeiterinnen.

Grunert, Marlene: Mit Coach zum neuen Job, Beitrag vom 14.03.2017 (Aufruf am 21.03.2017) unter www.faz.net/aktuell/rhein-main/frankfurt/mit-outplacement-coaching-zum-neuen-job-14923319.html.

Gulder, Angelika: Vom Beruf zur Berufung, 3. Aufl., Frankfurt/Main 2013.

Glaubitz, Uta: Jobs für Weltenbummler und Globetrotter, Frankfurt/Main: Campus 2001.

Hall, Douglas T.: Careers In and Out of Organizations, London and New Delhi: Sage 2002.

Hall, Douglas T.: The protean career – A Quarter-century Journey, in: Journal of Vocational Behavior, 63. Jg., May 2004, S. 1–13. (Aufruf am 20.12.2016) unter www.choixdecarriere.com/pdf/5873/Hall-2004.pdf.

Hampel, Lea u. a.: „Ich wollte nur geil Ski fahren", in: Süddeutsche Zeitung Nr. 4 vom 05.01.2017, S. 23.

Hauser, Uli: Vom Glück des gelungenen Lebens, in: stern, Nr. 1 vom 29.12.2016, S. 42–52.

Hellberg, Bernt-Michael: Entscheidungsfindung bei der Berufswahl – Prozessmodell der Emotionen und Kognitionen, 2. Aufl., Wiesbaden: VS 2009.

Hensel, Bettina: Die kochende Schwäbin von Schweden, Beitrag vom Mai 2011 (Aufruf am 04.12.2016) unter www.merian.de/schweden/europa/artikel/die-kochende-schwae-bin-von-schweden.

Hergert, Stefanie: Die jungen Alten starten durch, Beitrag vom 22.09.2010 (Aufruf am 18.12.2016) unter www.karriere.de/karriere/die-jungen-alten-starten-durch-10206/.

Hergert, Stefani: Für die zweite Karriere, in: Handelsblatt, Nr. 229 vom 25.11.2016, S. 18.

Hergert, Stefani; Schneider, Jürgen M.: „Ich lerne immer noch jeden Tag dazu", Beitrag vom 17.09.2010 (Aufruf am 18.12.2016) unter www.karriere.de/startseite/ich-lerne-immer-noch-jeden-tag-dazu-10207/.

Herzog, Werner u. a.: Einmal Lehrer, immer Lehrer? Bern: P. Haupt 2007.

Hilbk, Merle, Wink von oben, Beitrag vom 06.05.1999 (Aufruf am 10.10.2016) unter www.zeit.de/1999/19/199919.priester_.xml.

Hillebrecht, Steffen: Encore Career und zweite Karriere als Medienthema – Zur Berichterstattung über die Neuerfindung der eigenen Tätigkeit, den Konzepten und Potenzialen eines beruflichen Reset und den daraus zu ziehenden Konsequenzen für Umsteiger, Mering: R. Hampp (voraussichtlich Mai 2017).

Hillebrecht, Steffen; Peiniger, Anke-Andrea: Grundkurs Personalberatung, 5. Aufl., Wiesbaden: SpringerGabler 2015.

Hirschi, Andreas: Neuere Theorien der Laufbahnforschung und deren Implikationen für die Beratungspraxis, in: Hammerer, Marika u. a. (Hrsg.): Zukunftsfeld Berufs- und Bildungs-beratung, Bielefeld: wbv 2013, S. 105–111.

Hockling, Sabine: Ab 40 entfaltet sich das Potential, Beitrag vom 13.03.2014 (Aufruf am 10.10.2015) unter www.zeit.de/karriere/beruf/2014-02/karrierebuch-sieg-silberruecken-berufswechsel-aeltere.

Hockling, Sabine: Neustart im Job mit über 50, Beitrag vom 24.07.2014 (Aufruf am 10.10.2016) unter www.zeit.de/karriere/beruf/2014-07/unzufriedenheit-job-neustart-karriere.

Hockling, Sabine; Schwierz, Caterine: Der Chef hilft als Karrierecoach, Beitrag vom 01.06.2015 (Aufruf am 02.03.2016) unter www.zeit.de/gesellschaft/familie/2014-05/arbeitszeit-vaeter-teilzeit.

Hofelich, Markus: Sinnsuche im Job – Midlife crisis als Chance sehen, Beitrag vom 21.11.2016 (Aufruf am 02.12.2016) unter www.experteer.de/magazin/sinnsuche-im-job-midlife-crisis-als-chance-sehen/.

Hoffmann, Maren; Fabrizi, Antonio: „Wenn dich dein Job stört, warum hältst du daran fest?" Beitrag vom 12.07.2016 unter www.spiegel.de/karriere/berufsleben/club-20457-in-hamburg-vom-banker-zum-kneipenbesitzer-a-1101545.html.

Hossiep, Rüdiger; Mühlhaus, Oliver: Personalauswahl und -entwicklung mit Persönlichkeitstests, 2. Aufl., Göttingen und Bern: Hogrefe 2015.

Ibarra, Herminia: Working Identity, Brighton MA: Harvard Business School Press 2004.

Ion, Frauke K.; Brand, Markus: Die 16 Lebensmotive in der Praxis, Offenbach: Gabal 2011.

Jakob, Barbara; Kreis, Michael: Die zweite Karriere, Zürich: Orell Füssli 2001.

Kals, Ursula: Mut zum Wechsel, Frankfurt/Main: FAZ-Buch 2007.

Kels, Peter u. a.: Karrieremanagement in wissensbasierten Unternehmen, Wiesbaden: SpringerGabler 2014.

Klein, Paul: Ehemalige Zeitoffiziere der Bundeswehr in zivilen Berufen, SoWi-Arbeitspapier Nr. 74 vom Februar 1993 (Aufruf am 21.01.2017) unter www.mgfa.de/html/einsatzunter-stuetzung/downloads/ap074.pdf?PHPSESSID=2efa18fa67af3d8e8d92dda10463bffd.

Kolb, Meinulf: Personalmanagement, 2. Aufl., Wiesbaden: Gabler 2010.

Kötter, Robert; Kursawe, Marius: Design Your Life, Frankfurt/Main: Campus 2015.

Kolberg, Anja: Ab 40 reif für den Traumjob: München 2008.

Kowitz, Dorit: Angekommen, in: Brandeins, 19., Jg., Nr. 1/2017, S. 116–121.

Kracke, Bärbel: Was tun nach dem Abi? In: Diskurs Kindheits- und Jugendforschung, Nr. 4/2006, S. 533–549.

Kuhn, Monika: Psychologie studieren? Ein Ratgeber vor allem für „Spätberufene", Weinheim: 1999.

Kutsche, Katharina: Wechseljahre, in: Süddeutsche Zeitung, Nr. 1 vom 02.01.2017, S. 18.

Landeshauptstadt München: Der Weg in die Selbständigkeit, als pdf im September 2010 veröffentlicht (Aufruf am 10.04.2016) unter: www.muenchen.ihk.de/de/start-hilfe/Anhaenge/Evaluierung-2010.pdf.

Lau, Peter: Späte Liebe, in: Brandeins, Nr. 8/2016, S. 83–86.

Levitt, Steven D.: Heads or Tails – The Impact of a Coin Toss on Major Life Decisions and Subsequent Happiness, NBER-Working Paper 22847 vom August 2016, unter http://nber.org/papers/w22487.

Lisson, Marion: Einst Herzchirurg, jetzt Busfahrer, Beitrag vom 01.12.2012 (Aufruf am 05.01.2016) unter www.aerztezeitung.de/panorama/article/825594/lebenswandel-einst-herzchirurg-jetzt-busfahrer.html.

Lugert, Verena: Die Irren mit dem Messer, München: Knaur 2017.

Lund, Gudrun: Lehrer ohne Lehramtsstudium, Beitrag vom 22.10.2009 (Aufruf am 22.02.2017) unter www.zeit.de/2009/44/C-kompakt-lehrer.

Machatschke, Michael; Jauernig, Michael: Freiheit mit 50, in: Manager-Magazin, Nr. 1/2017, S. 112–117.

Maeder, Markus; Studer, Markus: Vom Herzchirurg zum Fernfahrer, Gockhausen 2008.

Mallwitz, Gudrun: Von der Bundeswehr zur Polizei, Beitrag vom 13.09.2015 (Aufruf am 21.01.2017) unter www.morgenpost.de/nachrichten/article205692379/Von-der-Bundes-wehr-zur-Polizei.html.

Mayerhofer, Helene; Michelitsch-Riedl, Gabriele: Personalentwicklung, in: Kasper, Helmut; Mayerhofer, Helene (Hrsg.): Personalmanagement, Führung, Organisation, 2. Aufl., Wien: Linde 2009, S. 405–462.

Meuselbach, Sigrid: 50plus – warum man für einen Karriereneustart niemals zu alt ist, Beitrag vom 13.09.2014 (Aufruf am 10.10.2016) unter http://www.career-women.org/krise-midlife-chance-warum-neustart-_id7224.html.

Miedaner, Talane: Coach dich selbst zu einer zweiten Karriere, München: Redline 2012.

Naumann, Annelie: Wenn der Quereinsteiger den Lehrermangel ausgleicht, Beitrag vom 20.12.2014 (Aufruf am 22.02.2017) unter www.welt.de/wirtschaft/karriere/bildung/article35595922/wenn-derQuereinsteiger-den-Lehrermangel-ausgleicht.html.

Neitzel, Gesa: Frühstück mit Elefanten, Berlin: Ullstein 2016.

Nisic, Natascha; Trübswetter, Parvati: Berufswechsler in Großbritannien und Deutschland, IAB-Kurzbericht 1/2012, als PDF (Aufruf am 02.01.2017) unter http://doku.iab.de/kurzber/2012/kb0112.pdf.

Nodari, Dino: Vom Banker zum Lehrer – 400 Quereinsteiger wurden ausgewählt, Beitrag vom 19.11.2010 (Aufruf am 22.02.2010) unter www.aargauerzeitung.ch/aargau/vom-banker-zum-lehrer-400-quereinsteiger-wurden-ausgewaehlt-101681411.

Obmann, Claudia: Der Mittelstand als Chance für wechselwillige Manager, Beitrag vom 20.09.2015 (Aufruf am 07.12.2016) unter www.handelsblatt.com/my/unternehmen/beruf-und-buero/buero-special/unternehmensnachfolge-der-mittelstand-als-chance-fuer-wechselwillige-manager/12339230.html?ticket=ST-1197644-J5YFabTGOXTPY-yRdx9d4-ap2.

Öttl, Christine; Härter, Gitte: Zweite Chance Traumjob, München: redline 2006.

Olbert-Bock, Sybille, u. a.: Karrierekonzepte – eine Typisierung individuellen Karriere-denkens und -handelns, in: Zeitschrift für Personalforschung, 28. Jahrgang, Nr. 4/2014, S. 434–453.

o. V., 2010: Wider den Rentnertod, Beitrag vom 17.05.2010 (Aufruf am 15.03.2017) unter www.sueddeutsche.de/karriere/ausscheiden-aus-dem-beruf-wider-den-rentnertod-1.484582.

o. V., 2014a: Bilfinger-Chef Roland Koch wird abgelöst, Beitrag vom 04.08.2014 (Aufruf am 11.01.2017) unter www.faz.net/aktuell/wirtschaft/unternehmen/bilfinger-chef-roland-koch-wird-abgeloest-13081488.html.

o. V., 2014b: Bahn will Bundeswehrsoldaten anwerben, Beitrag vom 09.07.2014 (Aufruf am 21.01.2017) unter www.spiegel.de/wirtschaft/unternehmen/bahn-will-ausgeschiedene-bundeswehrsoldaten-anwerben-a-980172.html.

o. V., 2014c: Soldaten außer Dienst, Beitrag vom 13.11.2014 (Aufruf am 16.01.2017) unter www.tagesspiegel.de/wirtschaft/weiterbildung-nach-der-bundeswehr.html.

o. V., 2015: Die Schule ist kein Zufluchtsort, Beitrag vom 01.03.2015 (Aufruf am 22.02.2017) unter www.spiegel.de/karriere/quereinstieg-als-lehrer-was-es-zu-beachten-gibt-a-10208111.html.

o. V., 2016a: Beate Stelzer – Mein neues Leben, Beitrag zur ARD-Buffet-Sendung vom 19.01.2016 (Aufruf am 13.03.2017) unter http://www.swr.de/buffet/mein-neues-leben-beate-stelzer/-/id=98256/did=16817480/nid=98256/12n2nom/index.html

o. V., 2016b: Stellenschwund in deutschen Banken, in: Handelsblatt, Nr. 202 vom 19.10.2016, S. 28–29.

o. V., 2016c: Kurzbiografie Rosi Mittermaier und Christian Neureuther, Beitrag vom 01.12.2016 (Aufruf am 02.01.2017) unter www.br.de/br-fernsehen/sendungen/abendschau/schneeschuhnacht-rosi-mittermaier-christian-neureuther-100.html.

o. V., 2016d: Deutsche Banken – Stellenabbau beschleunigt sich, Beitrag vom 19.07.2016 (Aufruf am 14.03.2017) unter www.wiwo.de/unternehmen/banken/deutsche-banken-stellenabbau-beschleunigt-sich/13896548.html.

o. V., 2017a: Das schier unglaubliche Leben des Uli Hoeneß, Beitrag vom 05.01.2017 (Aufruf am 02.04.2017) unter www.manager-magazin.de/fotostrecke/das-unglaubliche-leben-des-uli-hoeness-fotostrecke-139995.html.

o. V., 2017b: Rainer Langhans wird 75, Beitrag vom 01.03.2017 (Aufruf am 02.03.2017) unter www.focus.de/panorama/boulevard/leute-die-promi-geburtstage-vom-19-juni-2015-rainer-langhans_id_4761297.html.

Palan, Dietmar; Seger, Christoph: Wer den Ausstieg plant, muss verzichten können; Beitrag vom 10.12.2001 (Aufruf am 15.03.2017) unter www.manager-magazin.de/finanzen/rente/a-140686.html.

Pauleweit, Sven: Aufgeben gibt es nicht, Beitrag vom 21.11.2014 (Aufruf am 02.12.2016) unter www.humanresourcesmanager.de/ressorts/artikel/aufgeben-gibt-es-nicht-10833.

Pfarr, Christian; Maier, Christian: Warum arbeiten Menschen nach der Rente? Deutsches Institut für Alterssicherung, Berlin: Eigenverlag 2015 (Aufruf am 15.03.2017) unter http://alt.dia-vorsorge.de/fileadmin/userfolders/downloads/pdf/DIA_Studie_Arbeiten_trotz_Rente_final.pdf.

Piatschik, Nona: Ich bleib dann mal da, in: Die Zeit, Nr. 40 vom 22.09.2016, S. 73.

Porr, Reinhard; Dillenburg, Markus: Option Ausland – Erfolgreich auswandern, 3. Aufl., Norderstedt: PoD 2014.

Raechl, Sabine: Auswandern nach Nepal – No Problem, Ma'am, Cronskamp: Create Space Independent Publishers 2016.

Rappe-Giesecke, Kornelia: Was steuert Karrieren – Das triadische Karrieremodell, in Wirtschaftspsychologie aktuell, Nr. 4/2011, S. 16–20.

Reich, Katharina: Vom Wagnis sein Glück zu suchen, in: stern, Nr. 25 vom 16.06.2016, S. 42–52.

Reinke, Christina: Von der Masse abheben und spannend bleiben, in: Buchreport, 46. Jg., Nr. 6/2015, S. 40–43.

Sadigh, Parvin, u. a.: Mosaik-Karriere statt Karriereleiter, Beitrag vom 27.05.2014 (Aufruf am 01.03.2016) unter www.zeit.de/gesellschaft/familie/2014-05/arbeitszeit-vaeter-teilzeit.

Schein, Edgar H.: The Individual, the Organization and the Career – A Conceptual Scheme, in: Journal of Applied Behavioral Sciences, Nr. 7/1971, S. 401–426.

Schein, Edgar H.: Karriereanker, 3. Aufl., Darmstadt: ___ 1994.

Schlammerl, Elisabeth: 429 Rennen reichen, Beitrag vom 28.01.2013 (Aufruf am 28.11.2016) unter www.faz.net/aktuell/beruf-chance/mein-weg/martina-ertl-renz-429-rennen-reichen-12038541.html.

Schlesiger, Christian: Bloß raus hier, Beitrag vom 14.08.2007 (aufgerufen am 05.02.2016) unter www.handelsblatt.com/karriere/nachrichten/ausstieg-aus-dem-beruf-bloss-raus-hier-seite-6/2847968-6.html.

Schmale, Oliver: Tausche Uniform gegen Anzug, Beitrag vom 10.10.2015 (Aufruf am 27.10.2016) unter www.faz.net/aktuell/beruf-chance/arbeitswelt/zeitsoldaten-mit-studium-sind-in-der-industrie-gefragt-13832842.html.

Schönberger, Birgit: Große Freiheit oder großes Loch? In: Psychologie heute, 43. Jg., Nr. 9/2016, S. 58–61.

Schreiber, Marc: Entscheidungstheoretische Aspekte der Berufswahl bei Jugendlichen, Göttingen: Cuvillier 2005, zgl. Diss. Georg-August-Universität Göttingen 2005.

Schröder, Catalina: Der verflixte rote Faden, in: Die Zeit, Nr. 4 vom 19.01.2017, S. 63.

Sebrich, Angie: Nichts gesucht und viel gefunden, Freiburg/Brsg.: Herder 2008.

Smolka, Klaus Max: Banker, Anwälte – Werdet Lehrer! Beitrag vom 02.12.2016 (Aufruf am 02.12.2016) unter www.faz.net/aktuell/beruf-chance/nine-to-five/kolumne-nine-to-five-banker-anwaelte-werdet-lehrer-14543830.html.

Sommerfeld, Nando; Zschäpitz, Holger: Jeder dritten europäischen Bank droht der Untergang, Beitrag vom 04.10.2016 (Aufruf am 27.11.2016) unter www.welt.de/finanzen/article158552975/Jeder-dritten-europaeischen-Bank-droht-der-Untergang.html.

Sommerhoff, Barbara: Arbeiten im Ruhestand, in: Personalwirtschaft, Nr. 1/2016, S. 30–32.

Spaniol, Jörg: Der Eisenflüsterer, in: Trekkingbike, Nr. 1/2017, S. 86–90.

Stermsek, Katja; Hillebrecht, Steffen: Typologien und Chancen des zweiten Umbruchs, in: Der Betriebswirt, 58. Jg., Nr. 1/2017, S. 10–14.

Sternberg, Christiane: Die Fibel für Auswanderer, Nikosia: CIPS 2016.

Stratmann, Klaus: Seltene Spezies, in: Handelsblatt, Nr. 3 vom 04.01.2017, S. 45.

Sullivan, Sherry, E.; Arthur Michael B.: „The evolution of the boundaryless career concept: Examining physical and psychological mobility", Journal of Vocational Behavior 69. Jg., Nr. 1/2006, S. 19–29.

Töpper, Verena: Ein Brot geht um die Welt, Beitrag vom 11.04.2012 (aufgerufen am 01.07.2016) unter www.spiegel.de/karriere/ausland/senior-experten-service-schickt-rentner-um-die-welt-a-823201.html.

Tresch, Harry: Adecco holt Sportler aus dem Flutlicht – ins Büro, Beitrag vom 10.08.2012 (Aufruf am 21.03.2017) unter www.hrtoday.ch/de/article/-adecco-holt-sportler-aus-dem-flutlicht–ins-buero.

Uhtenwold, Deike: Mit 50plus die zweite Karriere starten, Beitrag vom 16.11.2011 (Aufruf am 28.09.2016) unter www.welt.de/print-welt/article407972/Mit-50-plus-die-zweite-Karriere-starten.html.

Uhtenwold, Deike: Lieber Chef als Rentner, Beitrag vom 24.06.2016 unter www.faz.net/aktuell/beruf-chance/arbeitswelt/arbeiten-im-alter-lieber-chef-als-rentner-14291761.html.

Von Elm, Kirstin: Lehrermangel – Quereinsteiger bekommen nichts geschenkt, Beitrag vom 07.06.2009 (Aufruf am 22.02.2017) unter www.handelsblatt.com/karriere/nachrichten/wissen-lehrermangel-quereinsteiger-bekommen-nichts-geschenkt/3192858.html.

Von Richthofen, Carolin u. a.: Handbuch Karriereberatung, Weinheim: Beltz 2013.

Voss, Annette; Eckrich, Klaus: Projektmanagement – Aktionsfelder und grundlegende Anforderungen, in: Rosenstil, Lutz von, u. a. (Hrsg.): Führung von Mitarbeitern, 5. Aufl., Stuttgart 2003, S. 461–512.

Voßkühler, Gabriele: Von der Leiter zum Mosaik – so geht Karriere heute, Beitrag vom 28.03.2017 (Aufruf am 02.04.2017) unter www.welt.de/wirtschaft/karriere/article163150495/Von-der-Leiter-zum-Mosaik-So-geht-Karriere-heute.html.

Voughn, Heather C., u. a.: Managing Yourself Next-Generation Retirement, in: Harvard Business Review, Nr. 6/2016, S. 104–109.

Vorsamer, Barbara: Frauen, die nichts bereuen, Beitrag vom 16.08.2016 (Aufruf am 21.01.2017) unter www.sueddeutsche.de/leben/kinderlosigkeit-frauen-die-nichts-bereuen-1.3117997.

Walwei, Ulrich: Die Älteren: Problemgruppe des Arbeitsmarktes oder Hoffnungsträger? In: Personal Direkt, Ausgabe Frankfurt, Nr. 1/2014, S. 8–9.

Weiss, Bertram u. a.: Aufbruch in ein zweites Leben, in: Geo kompakt, Nr. 50, 2017, S. 86–109.

Willenbrock, Harald: Wir sind dann mal weg, in: Brandeins, Nr. 1/2016, S. 48–75.

Ziniel, Wolfgang u. a.: Unternehmensübergaben und -nachfolgen in Österreich 2014, Arbeitsbericht vom Juli 2014, unter www.bmwfw.gv.at/Unternehmen/Documents/Unternehmens%C3%BCbergaben%20und%20-nachfolgen%20in%20%C3%96sterreich_2014.pdf.